がよくなるすごい断り方の基本7ルール

ルール①

まずは「3Kスタイル」で

とにかく「感謝→結論→感謝」を意識する

ルール②

最初に名前を呼ぶ

あえて名前を呼ぶことで印象はぐっとよくなる

ルール③

ルール④

「忙しいから」も正論を言うのもNG！

断る理由は「より具体的」に。そして「自分のせい」に

ルール⑤

早く、短く。

長くても1分。文章だと500文字以内

ルール⑥

「気持ち」と「事実」を交互に伝える

論理的な人は〝自分の気持ち〟を意識的に伝えよう

切り取って使ってね

なる すごい断り方 シート

[策ずは、思い込みを捨てよう

迷っ

思い込み①

断れないのは
そういう〝性格〟
だからだ

↓

断れないのは
〝性格〟ではなく
断り方《スキル》を知らないだけ

思い込み②

断らなくても
なんとかなる・・・

↓

そのガマンが最終的に
取り返しの
つかないことになる

思い込み④

断らないほうが楽だ

↓

早い段階でちゃんと断った
ほうが自分も相手も楽になる

思い込み⑤

言いたいことを言えない人は、
断り上手にはなれない

↓

断れない人のほうが、印象のよい
断り方ができるようになる

思い込み⑥

誰かが断れない
自分のことを察してくれる

↓

人間はわかり合えないからこそ
ちゃんと言葉にして

切り取って使ってね

なぜか印象がよくなるすごい断り方

津田卓也

サンマーク出版

ある音楽スタジオに一本の電話がかかってきました。

そちらに、近藤さんはいますか？　矢沢です。

１９８０年代、年号は「令和」でも「平成」でもなく
「昭和」の時代です。
当時、アイドルが大物ミュージシャンに楽曲提供をお願いし
多くのヒットソングが誕生していました。

マッチこと近藤真彦さんが楽曲提供をお願いしたのは、
ファンだった矢沢永吉さん。

電話は、その矢沢永吉さん本人からの断りの電話でした。
近藤さんが電話に出ると矢沢さんは
こう断ったのです。

近藤さん、あなたのことは
テレビでもよく拝見しています。
あなたの活躍ぶりはとても素晴らしいし
カッコいいと思う。
だからあなたのために最高の曲を作りたい。

でも、ごめんね。
あなたも同じ歌手だからわかると思うけれど、
最高の曲ができたら自分で歌いたい。
それはきっと、
ジョン・レノンだって同じでしょう？

これはあるバラエティ番組で、
語られたエピソードです。

この断り方は、
番組内でも、
放送後のネット上でも、
「すごい！　最高の断り方だ！」
と絶賛されました。

じつは、この断り方には本書で紹介する
印象がよくなる断り方の基本が詰まっています。

私たちは、矢沢永吉になることはできません。
でも、
このエピソードのように
断ったのに印象をよくすることは可能なのです。

はじめに

本書を手に取っていただきありがとうございます。

この本は、**「今まで断れなかった人が、ちゃんと断れる人」になる方法を書いた本です。しかも、断っても印象がいい人になる方法**を。

「断っても印象がいい」というのは、「断っても相手が『またお願いしたい、また誘いたい』と思い、断る前より断った後のほうが印象がよくなっている」という意味です。

そんなのありえない、と思う人もいるかもしれません。

でも、冒頭のエピソードで矢沢永吉さんは近藤真彦さんの楽曲提供のオファーを断りましたが、近藤真彦さんはより矢沢永吉さんのファンになったに違いありません。

みなさんの周りにもいませんか？　断られたけれど、また会いたいな、とか。またお願いしたいな、と思う人。逆に、もう誘わなくていいか、と思う人。

ちゃんと断るほうが信頼される

突然ですが、クレーム対応が上手な人はどんな人だと思いますか？
人当たりがよくて、お客さんをなだめるのがうまい人でしょうか？
低姿勢で、礼儀正しい人でしょうか？
お客さんの要望を機嫌よく受け入れる人でしょうか？

私は15年間クレーム対応の研修を日本全国で行い、のべ10万人以上の人たちに教えてきました。また研修講師になる前は、ブックオフコーポレーションで、関東エリアのマネージャーとして、さまざまなクレームに対応し（ときには監禁されたこともありました）、店舗スタッフにクレームの対応の仕方を教え、クレーム対応のマニュアルを作りました。

これらの経験をふまえて確信していることがあります。

〝クレーム対応が上手な人は、ちゃんと断れる人だ〟

ということです。

私はクレーム研修で毎回、「相手の機嫌を損なわずにちゃんと断りましょう」という話をします。

言い換えれば、私は15年間、ずっと「ちゃんと断っても印象がよくなる方法」を教えてきたのです。

企業はお客様の要望にできるだけ応える努力はしますが、すべて応えることはできません。「できること」と「できないこと」があります。「できないこと」をちゃんと伝えずに、相手の機嫌をとることや要望を聞きすぎると、後でこじれることがあります。「できること」と「できないこと」を曖昧にしてしまったせいで「できるって言ったじゃないか！ 上の者を出せ！」となってしまうのです。

不思議に思われるかもしれませんが、**クレーム対応が上手な人は、クレームの対応をしてお客さんとよりいい関係になることが多々あります。**「できないこと」を「できない」とちゃんと伝えながら、お客さんの要望に真摯に対応することで、お客さんからの信頼を得ることになるのです。

家具メーカーでソファーのクレーム対応をしたことで、その後、引っ越しがあるたびにそのお客さんから相談を受けるようになった人もいます。クレーム対応が一生のお客さんにつながったのです。

これは、クレーム対応に限ったことではありません。**「ちゃんと断るほうが、信頼される」のは、普段のコミュニケーションでも同じ**です。

ほんとうはキャパオーバーなのに、上司や先輩、友人からのお願いを断れず、引き受ける。でも最終的に、納期に間に合わなかったり、ときには精神的に疲弊してしまったりして、会社に行けなくなってしまう。最初の段階で上手に断っとけばこんなことにはならなかったのに……。

一方で、ちゃんと断りながら、仕事やプライベートで信頼を得ている人はたくさんいます。むしろ、**ちゃんと断れているから、良好な人間関係を築いているの**です。

断ってからが人間関係の始まり

「コミュニケーション能力が大切だ」と言われてずいぶんと月日が流れました。書店にいけばコミュニケーションに関する本がところ狭しと並んでいます。

私自身、コミュニケーションの研修をしていて感じることですが、「コミュニケーション能力が高い人」というのが「雑談がうまくて、相手の機嫌をとり、楽しい空気を作れる人」と思っている人がとても多いのです。これは間違ったことではありません。いい空気を作れる能力はとても大事です。

しかし、**いい空気を作ることを意識しすぎて、空気を壊さないことを意識しすぎて断ることができず、疲弊してる人がどれだけ多いことか。**

ほんとうにコミュニケーション能力がある人は、ちゃんと断ることができる人です。

私は、断ってからがほんとうの人間関係の始まりだと思っています。断れない関係、相手のいいなりになっている関係は、人間関係ではありません。それは、人間と人間の関係ではありません。人間と奴隷の関係といっても過言ではないでしょう。

のちほど詳しく説明しますが、じつは私自身、まったく断れない人でした。断らずに何でも引き受けることがいいことだと思っていました。その結果、働きすぎで血を吐き倒れ入院することになります。

死を覚悟した私は、病院のベッドで決心しました。

もし生き延びることができたら、自分の人生を生きよう。自分にとってほんとうに大切な人やものに時間を使おう。

私は生死をさまよって初めて気づいたのです。**断らないことは、自分ではなく、他人の軸で人生が進むことだと。自分の人生を歩むためには断ることが必要だと。**

それから、人生が変わりました。

今では会社を経営しながら、自分が大切だと思う人たちとだけ付き合い精神的に豊かに暮らしています。

ただ、断れない人から断れる人になるのは、簡単ではありませんでした。自分で何度も試行錯誤しながら、ときにはケンカになったり、二度と会わないような関係になることもありました。

当時は、断り方に関する本がほとんどありませんでした。「断ることの大切さ」を説くだけでなく、「断っても人間関係が続く、むしろ断ることで人間関係が構築される」そんなすごい方法が書かれた断り方の本があったら……と思っていました。この本はそんな当時の私に向けて書きました。

私が今まで「断れない人」を「断れる人」に変えてきて、確信していることがもう一つあります。それは、**断り方を身につけることで、〝人生が変わる〟**ということです。私自身、人生が変わりました。今まで教えてきた人の中にも、

「ほんとうにやりたかったことを見つけて転職しました」
「旦那と離婚し、新しいパートナーを見つけました」
「行きたくない飲み会をすべて断ったおかげで、最高の趣味を見つけることができ、それが仕事になりました」

という人がたくさんいます。

人生は、有限です。有限な人生で、やるべきことはたくさんあります。**断ることは、そんな有限な人生に余白を作ること**だと私は思います。余白があるから新しいものが入ってくる。今までの自分を変えたいと思うなら、ぜひ

とも断ることからはじめてほしいのです。

「断ること」がより必要な時代になった

近年、「働き方改革」により、世の中は「短い時間で成果をあげよう」という風潮になりました。企業によっては夜遅くなると強制的に退社しないといけないところもあります。それはとてもいいことだと思います。私が新入社員の頃は「とにかく働け！　働いた分だけ幸せになれる！」という時代だったので、新しい時代に突入したな、と思います。

しかし、ネットとスマホの台頭により、いつでもどこでも誰とでもコミュニケーションがすぐとれるようになりました。その分、付き合う人間の量も、仕事量も格段と増えています。時間は減って、仕事は増えた。このことにより、損するのは「断れない人」です。断れない人は、総じて、優しい人が多い気がします。そんな優しい人が、疲弊していくのを何人も見てきました。

本書でお伝えする「断り方」は、そんな新しい時代に「自分を大切にしながらよりよい人間関係を築く術」でもあります。この術を身につけることはコミュニケーションの枠を超えて人生全体に影響を与えるに違いありません。

ひとりでも多くの人が、自分を大切にしながらよりよい人間関係を築いて、豊かな人生を歩めることを願います。

なぜか
印象がよくなる
すごい断り方

目次

第1章 まずは、思い込みを捨てよう

第2章 印象がよくなるすごい断り方の基本7ルール

第3章 手ごわい相手の対処法

第4章

断るか、断らないかはどうやって決めるのか？

第1章

まずは、思い込みを捨てよう

具体的な断り方のスキルをお伝えする前に、この章では、断れない人の多くが勘違いしていることを一つずつ紐解いていきます。

テクニックを知っただけでは、日常生活で断りたい場面に出くわしてもとっさに断れないことが多いものです。それは、今までの脳の癖で、とりあえず「はい」と言うようになっているからです。これは悪いことではありません。今まであなたが周りの期待に応えようとがんばってきた証拠です。

この章は、いわば〝思考のストレッチ〟です。このストレッチをやることで、2章以降の具体的なメソッドをより効果的に使えるようになるのです。

断れない人の思い込み①

断れないのは、そういう〝性格〟だからだ

断れないのは「性格のせい」と思っていませんか？

- 私、断れない性格なんです
- 言いたいことをハッキリ言えない性格なんで
- ハッキリ言える性格の人がうらやましいです

このような言葉をよく聞きます。

断れないこと、「ノー」を言えないことを、自分の生まれながら持っている性格のせいだと思っている人は多くいます。

これも、断れない人が抱きがちな思い込みのひとつです。

なぜなら、「断れない」「ノーと言えない」性格を生まれもっている人なんていないからです。だれしも赤ちゃんのときは「オギャー、オギャー」と泣いていて、「この状況は不快だ！」「こんなのは嫌だ！」としっかり訴えていたはずです。

また小さな子どもには、「あれも嫌」「これも嫌」と、何に関しても嫌がる「イヤイヤ期」というものがあります。だれもが「断れる人」のときがあったのです（上手な断り方かどうかは別にして）。


ではなぜ大人になると断ることができなくなってしまうのかといえば、それは成長の過程に原因があることが多いです。

他人の気持ちを考えなさい、他の人に優しくしなさい、他の人に迷惑をかけてはいけないなど、**私たちは成長の過程で数々の「他人ファースト」の教えを受けています。この教えがからだに染み付いてしまっているわけです。**

それゆえ、自動的に「他人優先モード」が発動してしまう。

逆に、学校教育の中で「断り方」を教わる機会はほとんどありません。アメリカは「ディベート文化」が根付いているので、「自分の意見をちゃんと言う」や「嫌なことは、嫌と言う」といったことがコミュニケーションを取る上で大事なことだと教えられますが、日本ではそういう教育がなされることは少ないように思います。

それは、就職しても同じことです。お客様の話をよく聞き、お客様の要望を察知し、応えることが企業では大事とされます。もちろんそれは大事なことです。しかし、あまりにもお客様を神格化しすぎて「お客様の要望はすべて応えないといけない」と思っている人までいます。

クレーム研修で、お客様対応が苦手な人に、断り方の基本を教えたとき。

「そうやって断ればいいんですね！　具体的な断り方を教えてもらえただけで気持ちが楽になりました」

という感想をもらうことがよくあります。その感想を聞くたびに、だれも断り方を教えてくれなかったんだな、と思います。

じつは、**断れない人の多くは、性格のせいではなく、具体的な方法を知らないだけ**なのです。

また、子どもの頃、親から過度なストレスを受けて育った人も、相手の言うことに対して、つい「はい」と言ってしまう傾向があります。

「勉強しなさい」「どうしてそんな簡単なことができないのか」「なぜそんなにダメなのか」などと、親から否定的な言葉を執拗に投げかけられたり、ヒステリックに言われ続ければ子どもは辛くなります。言葉を真正面から受け止めるのは辛いので、その辛さから逃れるために頭では他のことを考えるのです。

そして最終的には親の言うことに従ってしまう。自分のほんとうの気持ちではなくても「はい」と言ってしまう。その方がその場がうまくおさまるからです。

じつは私は子どもの頃、父親からひどい暴力を受けていたことがあります。父親は怒ると私を殴ったり、蹴ったりしました。父親の暴力は恐怖そのものでした。ですから親から過度なストレスを受けた子どもが「ノー」を言えなくなるのは実感としてわかります。

私の場合、そんな父親だったので、何かをやれと言われたら「はい」と答えるしかありませんでした。「断る、断らない」以前の問題で、それを考える余地がなかった。自動的に「はい」と答える癖がついてしまったのです。大人になってからも、私がかつては断れない人間だったのは、このときの癖が残っていたわけです。

つまり、**断れない、「ノー」を言えないのは、生まれもった性格ではなく、癖なのです。**つい「はい」と言ってしまう、脳の癖といえるでしょう。

でも、癖は直そうと思えば直せます。

つい「はい」と言ってしまう癖は直せるのです。それはだれもが、「断れない人」から「断れる人」になれるということ。

癖を直すには、**まずは無意識に「はい」と言ってしまう癖が自分にはあると自覚することが大切です。**自覚すれば、いざ「断る・断らない」という判断を迫られたときに、少し冷静になれます。「またいつもの癖が出てしまっていないかな?」とひと呼吸置ける。そして「今回はハッキリ断ろう」と決めて実際に断る練習をしていくと、次第に「自動的にイエス」と言ってしまうような癖は抜けていくでしょう。

あなたは「ノー」を言えない癖をもっている?

ところで、あなたには「ノー」を言えない癖があるでしょうか。

それを知るには、レストランでメニューを決めるときのことを思い出してみてください。

メニューを眺めて注文するものがなかなか決められないという人は、「ノー」を言えない癖をもっている可能性が高いといえます。

なぜなら「ノー」を言えない人は、その瞬間、頭の中にさまざまな思いや考えが溢れてしまっているからです。「ここで断ったら相手は気を悪くするのではないか」「ここで断ったら二度と誘われないかもしれない」「断らないとしたら、次の休日は潰れるだろう」「でも断らないほうが相手の印象はよいのではないか」など、**次々とあらゆる考えが押し寄せて決断できなくなってしまう**のです。

そしてその結果、その場では無難と思える「断らない」という選択をしてしまいます。

レストランの注文の際にメニューで迷う人も同じです。

「野菜が入った料理の方がいいのではないか」「この料理はカロリーが高すぎるのでは？」「こっちは値段が高すぎる」「他の人は何を注文するのだろう？」などとさまざまな考えが頭をよぎります。ゆえに、スパッと決まらない。

脳内が、なかなか「ノー」と言えない人と同じ状態になっているのです。

このような傾向がある人は、「ノー」と言えない癖をもっているといえるでしょう。

でも、**自分にはそういう「脳の癖があるのだ」と自覚することはとても大切。それが癖を直すための第一歩となるからです。**

断れないのは〝性格〟ではなく、断り方《スキル》を知らないだけ

断れない人の思い込み②

断らなくても何とかなる

「断れない人間」だった私の末路

研修講師の仕事をやっていると、もともとコミュニケーション能力があって、〝断れる人間〟だったんだと勘違いされることがあります。

でも私は、**典型的な〝断れない人間〟でした。断らないことが、いいことだとも思っていました。**

私のビジネスマンとしてのキャリアは、㈱ブックオフコーポレーションから始まります。

もともと、役者を目指していて、映画やテレビドラマなど何本かの作品に脇役として出演していました。しかし20代半ばを過ぎても「役者一本」で食べていける状態にはならず、アルバイトを始めたのです。

創業期だったということもあり、正社員になった私は、新店舗の開店、マニュアル作り、従業員の指導などあらゆる業務を任されました。

会社は見る見る大きくなり、私は関東エリアのマネージャーに抜擢され、給料もどんどん上がっていったのです。

しかしブックオフは年中無休。「働き方改革」が叫ばれるずっと前のことで、「24時間働ける男こそカッコいい」という時代です。私には休む間もなく、次々と業務が舞い込み、そして徐々に心もからだも疲弊していきました。「これ以上無理だ。とてもからだがもたない」と思いました。でも私は「できません、少し休ませてください」とは言えなかったのです。

結局数年間、ガマンにガマンを重ねて働き続けたあるとき、地方での会議へ向かう電車の中で胃に激痛が走りました。駅のトイレに駆け込むと、口からドバドバと血が溢れたのです。救急車で運ばれ、そのまま緊急入院となりました。

幸い大事には至りませんでしたが、病院のベッドで天井を見ながら思いました。

自分はがむしゃらにがんばってきたつもりでいた。しかし、そこにはいつもガマンがあったのではないか。会社のため、自分を可愛がってくれる上司のため、一生懸命ついてきてくれる後輩のため、家族のため……。このような大義名分はあったけれど、その裏には、常に自分のガマンがあった。自分を犠牲にしていた。嫌なことを「嫌です」と言わず、できないことを「できません」と言わず、素直に自分の感情を出してこなかった。その果てに死んでしまうのだとしたら、自分の人生は一体何だったのだろう……。

このような思いが頭をグルグルと駆け巡りました。

そして、今後も今と同じ状況を続けていたら、心身共にまいってほんとうに死んでしまう、だからもう会社を辞めようと思ったのです。そして復職後、すぐに上司に退職の意向を伝えました。

どうして倒れるまでその状況の深刻さに気づかなかったのだろうと今は思います。

おそらく、**私は自分が「断れない」ということを甘くみていたのでしょう。断らなくても、断れなくても、きっと何とかなる、たいしたことにはならない、と思っていたのです。**

でも結果は、ここまで書いてきた通りです。「断れない」ということは、結局苦しい人生を送ることになるのです。

「断れる人」というのは、真逆です。

嫌なことを「嫌だ」ときちんと言えるのは、自分の気持ちに正直に生きている証拠。だれかの顔色をうかがって自分を犠牲にしていないのです。

こちらのほうが断然しあわせに生きられると思いませんか。

そのガマンが
最終的に取り返しの
つかないことになる

断れない人の思い込み③

断ると人間関係が悪くなる！

断ることで、心の関係性が深まる

私は、**「断れない関係」など、ほんとうの人間関係ではないと思っています。**それは、ただの主従関係です。**上司と部下というような上下の関係だとしても、断れる関係であるべきですし、コミュニケーション能力の高い人ほど、ちゃんと断れる関係を築いています。**恋人や夫婦の関係ならなおさらです。もし「なかなか断れない」と感じているなら、ほんとうにちゃんとコミュニケーションをとれているか疑うべきです。

「断れない」と感じていた相手でも、勇気を出して断ることでより関係が深まることがあります。

このことを実感したのは、ブックオフを退職し、都内の日本料理店で働き始めた頃のことでした。

その店は表に看板を出しておらず、知る人ぞ知る隠れた名店。料理も一級ですが、それ以上に接客の素晴らしさが群を抜いていると評判の店で、常連客の中には著名人も多くいました。

両親が京都で喫茶店を営んでいたこともあり、当時は私もいつかは飲食店をやってみたいと思っていました。そんな思いから、修業の場としてこの店を選んだのです。

その店の店長は、オーナーであり、料理長も兼ねていました。私たち従業員は彼のことを「マスター」と呼んでいました。

マスターは、料理にも接客にも、とことんこだわる人でした。

とくに掃除に関してはホールやトイレはもちろん、換気扇の裏の部分などお客様の目に触れないようなところまで、とにかく店の隅々まで徹底的に気を配る人でした。

私はそんなマスターのこだわりと姿勢を尊敬していましたが、ひとつだけ気に入らない点がありました。

それは、開店前のスタッフミーティングで、スタッフに対してとにかく怒鳴り散らすこと。「観葉植物の葉にホコリが溜まっていた」「君のダスターの畳み方はなっていない」など、名指しで一人ひとり怒鳴るのです。間違ったことを言っているわけではありませんでした。とはいえ、その言い方があまりに横暴なためスタッフは凹みます。開店直前、接客がこれから始まるというときに怒られるというのは、何とも気分のよくないものでした。

ある日のミーティングで、いつもと同じようにマスターがスタッフ一人ひとりを怒鳴り始めました。私は、思い切ってマスターに言ったのです。

「すみません。あのですね、これからお客様を迎えるというときに、そんなふうにあまりに怒鳴られると、僕らの気持ちはとてもブルーになります。そうなると、心からの笑顔でお客様を迎えられなくなります。言っていただくのはいいのですが、オープン前はやめてもらえませんか」

言った瞬間にマスターは「何だと！」と血相を変えました。しかし私は続けました。

「こんなふうにマスターと喧嘩した状態では気持ちのよい接客ができなくなりますから、続きは店が終わってから言ってください」

マスターに「ノー」を突きつけたのです。

何だか堂々と言ったように思われるかもしれませんが、私は内心ヒヤヒヤでした。そして結局その日は、店が終わった後もマスターから声を掛けられることはなかったのです。

「ノー」が関係を深めるキッカケになる

ところが翌日、いつもと同じように開店前のミーティングが始まると、マスターがスタッフに向かっていきなり頭を下げました。そして言ったのです。

「昨日1日いろいろ考えたけれど、津田君の言う通りだと思う。申し訳なかった」と。そして「これからミーティングは津田君に仕切ってもらう」とも言いました。

これをきっかけに私はホールの仕切り役になりました。また、マスターと私は腹を割った話ができるようになり、スタッフの立場・目線からしか見えない店の問題点などもどんどん言えるようになりました。そして気がつけば、店長を任されるようになっていました。

後で聞いた話では、それまで多くの従業員が働いてきたこの店で、私は初めてマスターに反抗した従業員だったそうです。

でも「ノー」と言うことで、マスターとの関係は深まりました。マスターの料理と接客に対する情熱、自ら汗をかき、とことん働く姿勢などを私は尊敬していました。だからマスターとの絆が深まりとても嬉しかったのです。

断ることで壊れてしまう人間関係だってあるでしょう。でもこのように、

「ノー」と言うことが関係性をより深める場合もあるのです。

「ノー」と言った瞬間はたしかに気まずくなるかもしれません。

でもそもそも、言いたい「ノー」が言えない関係なんて、とても薄っぺらいものだと思いませんか。

断ると売上が増える!?

「すべてのお客様に平等に相手をすると、顧客不満足度が上がるので気をつけてください」

「お客様の言うことを何でも聞くのではなく、できないことはできない、ダメなものはダメとハッキリ断ってください。そういう店の方が、よいお客様がたくさん来るようになり、結果的には業績が上がります」

私は研修でいつもこう話します。

訳のわからないことを言ったり、わがままを言うお客様の要望をいちいち聞いていたら、ほんとうに大切なお客様に対応できなくなります。

自分でビジネスをしている人や、フリーランスの人の中には「仕事がなくなるのが怖くて断れない」という悩みをもつ人が多くいますが、私はやりたくない仕事は断るようにすすめています。

私自身、仕事でも積極的に断ります。

たとえば予算消化のためだけに企業研修を使おうとする担当者です。「これとこれとこれを1日でサササッとやってくれませんか？」などと、形だけの研修を依頼してくるのです。まるで「払うものは払うのだから、つべこべ言わずにこっちの言う通りにやってくれ」と言わんばかりの態度です。

でもそんな研修を実施しても、社員のためにならないことは目に見えています。そもそも私のモチベーションも上がりません。ですからこういう場合は、たとえ高額なお金を積まれてもお断りしています。

気の乗らないお客様を断ったことで、ほんとうに大切にしたいお客様のために時間を使うことができます。その時間に全エネルギーを注ぐのです。

すると、「前回の研修はとてもよかったので、次回は全社員を対象にやってくれませんか」「新入社員向けとして毎年お願いできませんか」などというお話をいただける。結果、断った金額以上の売上が発生するのです。

断ることで
人間関係が厳選され
結果的によくなる

断れない人の思い込み④

断らないほうが楽だ

「ノー」を先送りにしてもいいことはない

「断らない」のは、その場ではある意味、楽な選択といえます。

何かを誘ったり頼んできたりした相手にしてみれば、「イエス」の返事をもらえたほうが嬉しい場合が多い。

断るというのは、相手を傷つける場合もあるし、また悪い印象をもたれる可能性もあります。断ったことによって、相手がごねたり、拗ねたりするなど一波乱起きないとも限りません。

そうなると、断ったほうとしてはそれ相応の対処をしなければなりません。そしてそれは案外やっかいなことです。

でも、とりあえず「イエス」と言っておけば、その厄介さは回避できます。「断って相手をがっかりさせてしまったかもしれない」という心の痛みも感じずに済みます。だったらとりあえず「イエス」と言っておこう、と断らないという選択をする場合も少なくないのではないでしょうか。

そしてそうやって「ノー」を先送りにすれば何とかなるだろう、と思っていないでしょうか。

かつての家庭での私は、まさにそんな楽な選択ばかりをしていました。

当時の私の妻は、「湯船のお湯の量は半分くらいにして水道代を節約してほしい」「テレビの音量は小さめにしてほしい」など、家での細々としたルールを厳守するように求めてきました。

内心では勘弁してほしいなぁと思いながら、毎日仕事に追われ、ろくに子育てにも参加できていないという負い目から、とりあえず「わかった」と従っていました。しかしそれ以上に、**私は面倒だったのです。妻に「ノー」を言えば、言い争いが始まるのは目に見えていました。仕事から疲れて帰ってきた状態での言い争いはますます疲れます。そこでとにかく自分を押し殺して「はい、はい」と妻の言うことを聞き、その場をやり過ごしました。言う**

べき「ノー」を先送りしていたのです。

断らないことが取り返しのつかない事態を招く

でもやはり、自分がほんとうに嫌なことについては、きちんとその場で「ノー」と言うべきだったのでしょう。

アメリカの夫婦関係研究の第一人者であるゴットマン博士の著者『結婚生活を成功させる七つの原則』（第3文明社）にこのような記述があります。

幸福な結婚をしている夫婦は決して完全な結合ではないとわかった。お互いに結婚生活に非常に満足しているという夫婦でも、彼らの間には、気性、興味、価値観に大きな違いがあった。夫婦の衝突も頻繁にあった。家計、仕事、子ども、家事、性生活、それに義理の父母兄弟姉妹について、多くの口論があった。それはあたかもぎくしゃくした夫婦の口論と同じようなものだった。ミステリーは、彼らがいかにしてそれらの問題を禍根を残さぬよう話し合い、幸福な結婚を維持しているかにあった。（『第1章　幸福な結婚とは』より）

問題なのは性格などの不一致ではなく、口論することでもなく、〃どう話し合うか〃だったのです。

私はその後、離婚しました。原因はいくつかありますが、そのなかには私が妻に「ノー」を言えなかったことも含まれています。おそらく妻も私に言いたいことを言えなかった部分はあるでしょう。

「断らない」のは、やっかいなことを先送りにできるので、その場では楽な選択です。でもその先送りを続ければ、取り返しのつかない事態に至ってしまう場合もあるのです。

早い段階で
ちゃんと断った方が
自分も相手も
楽になる

断れない人の思い込み⑤

言いたいことを言えない人は断り上手にはなれない

緊張しやすい人ほど、いい講師になれる理由

「断るのが苦手……」

このように言って、結局いつもだれかの言いなりになってはいませんか。

でも**じつは、「自分は断るのが苦手」と思っている人のほうが断り上手になる素質をもっています。**

唐突ですが、あなたは「人前で話すと緊張してしまう」という人と、「人前に出て話すなんてヘッチャラ。全然緊張しない」という人とでは、どちらが講師に向いていると思いますか。

私は自身で講師をしているだけでなく、講師の養成も行っているのですが、講師に向いているのは断然前者のような人です。「何度登壇しても、その度に緊張する」という人の方がよい講師になれます。

なぜなら、緊張するというのは、聞き手の存在を意識している証拠だから。

私も、研修の前は今でも緊張します。

自分の話は聞き手にどう思われるか、聞き手はきちんと自分の話を理解してくれるだろうか、などが気になるからこそ心臓がドキドキするわけですね。

聞き手の反応を意識するのは講師としてとても大事なことです。「わからなそうな顔をしている人がいたら、もう一度言葉を変えて説明する」「眠そうな顔をしている人がたくさんいたら、休憩を入れる」など、「場」を読んでコントロールすることができるからです。**緊張するのは目の前の人のことを大切にしている証拠なのです。**


一方、「人前に出ても緊張なんてしない」という人は、聞き手の存在を意識していないので、聞き手の反応に関係なく話し続けます。自分の話したいことを一方的に話し続けるので、聞き手は集中力を欠き、終いにはイライラしてしまう。これではとてもよい講師とは言えませんね。

断るのが苦手な人ほど、印象よく断れる人になれる

じつは断るシーンもこれと同じです。

「断るのが苦手」という人は、相手の反応をつい気にしてしまう人です。断ったら相手ががっかりするのではないか、断ったら相手に悪いのではないかなど、**相手のことを思うからこそなかなか断れない。自分のことより、つい他人のことを考えてしまう、要はとても心優しい人が多いのです。**

印象がよくなる断り方をするには、たとえどのような相手であっても、相手への思いやりが欠かせません。どんなにスパッと断ることができても、相手を傷つけたのでは「正しい断り方」とはならないのです。

つまり、**「断るのが苦手」「ノーと言えない」と自覚している人の方が、上手な断り方ができるようになる可能性は高いのです。**

もし、この本を読んでいるあなたが「断れない人」なら安心してほしいの

です。あなたは「断っても印象がよくなる人」になれます。2章以降でお伝えする具体的なメソッドと少しの勇気だけで、周囲からの信頼と他人に流されない人生を手に入れられるのです。

「断れない人」は、
優しい人。
そういう人の方が
印象のよい断り方が
できるようになる

断れない人の思い込み⑥

誰かが断れない自分のことを察してくれる

人と人は、そう簡単にわかり合えない

「ちゃんと断れる人になろう」と考えるときに忘れないでほしいのが、「人というのはそう簡単にわかり合えないものだ」ということです。

「断れない人」の中には、「言わなくても察してほしい」と思っている人が少なからずいます。仕事を頼まれた際、「今、目の前の仕事でいっぱいいっぱいだから他の仕事を受けられないよ……（見たらわかるでしょう……）」と心の中で思うだけで、口では「できます！」と答えるのです。そしていつか忙しい自分を察してくれるはず、と思いながらからだも心も酷使しています。

よく「話せばわかる」と言いますが、話してもわかり合えない人はいます。話さないなら、なおさらわかり合うことはできません。

人は簡単にはわかり合えないからこそ相手を知ろうとする努力が必要です し、相手も自分のことがわからないだろうからこそ、自分の思いを丁寧に伝

える必要があります。

印象がよくなる具体的な断り方は、次章以降でお伝えしていきますが、「自分も相手のことはよくわかっていないし、相手も自分のことをよくわかっていない」という前提に立ち、相手を知る努力、自分の意思を伝える努力をすれば、それほど間違った断り方にはならないのです。

「話さなくても察してくれる」そんな関係は理想かもしれません。たとえば「いちいち言わなくてもお互いの気持ちがわかっている夫婦」は存在するでしょう。しかし、**そのような夫婦も、嫌なことをちゃんと「嫌だ」と言い、話し合った経験があるのです。さんざん話し合ってきたからこそ、「話さなくてもわかる」のではないでしょうか。**

仕事でも同じです。ベテランのお笑い芸人さんの中には、コンビで舞台裏やプライベートでほとんど話さない人もいます。話さなくても舞台や番組で息の合った掛け合いを披露できます。それも、若い頃にさんざん話し合い、ときにはケンカをしてお互いの気持ちをぶつけ合ったからなのです。

人間はわかり
合えないからこそ
ちゃんと言葉にして
伝える必要がある

断れない人の思い込み⑦

断らずに何でも応えることで人は成長できる

たしかに人生には「断らない時期」も必要

ここまでずっと〝断ることの大切さ〟についてお伝えしてきました。

でも、**今まで〝断れない人生〟を送ってきたからといって、自分を責めないでほしい**のです。

人には断らずに何でもやる時期も必要です。

気乗りがしない、積極的にやってみようとは思わないことでも、それをやるチャンスが来たら、その依頼や誘いが来たら何でもやってみたほうがいいと思います。

なぜなら、自分には何が向いていて、何をおもしろいと思うのか、何をほんとうに楽しいと感じるのかは実際にやってみないとわからないから。

私自身、「断れなかった時期」を後悔していません。

ブックオフでは仕事を断らなかったことでマネジャー職に就き、人を育てることの楽しさを知りました。同時に自分の体力の限界も知りました。

現在、私が代表を務める会社は、もともとはマネジメント会社でした。それが研修会社へ移行したのは、ある研修会社の社長から「津田君、昔役者をやっていたのだったら講師をやらない？」と言われたからです。

講師なんてできるのだろうかと思いつつ、いざ始めてみると受講生たちが喜んでくれて、仕事も次々と舞い込み、「講師の仕事はおもしろい」と思うようになりました。

依頼を断らずにすべての研修を引き受けていたら、年間に200回以上の登壇となり、声がまったく出なくなったこともありました。

これらはすべて私の糧となりました。

ですから、とくに20代のうちは「断らずに蓄える時期」も必要だとは思います。

ただし、どんなに若いときでもガマンにガマンを重ねる必要はありません。年齢に関係なく、いつだって人生は自分のもの。自分の人生を生きるために、そこで「ノー」を言うべきかどうかは自分で考える必要があります。

断らずに何でもやって蓄える時期なのか、断る時期なのか。

その**判断基準は、「あなたが今人間関係に悩んでいるか、苦しんでいるか」です。**悩みの大小は問いません。小さな悩み、些細な悩みだとしてもガマンしていると、ウイルスのように増殖してあなたの人生に悪い影響を与えるかもしれません。

もし**あなたが多かれ少なかれ人間関係に悩み、この本を手に取ってくれたとするなら、それは今こそ断り方を身につけるとき**なのです。

断ることは、別の何かを選ぶこと

断らない時期が人を成長させることもありますが、断ることは人間をより成長させ、人生を別のステージに運んでくれるのだと実感しています。

「断る」というのは、言葉を換えれば、別の何かを選ぶということ。「ノー」と言って何かを捨てた代わりに、必ず何かを手に入れているはずなのです。

私は血を吐いて倒れた後、ブックオフを辞めることに決めました。しかし、すんなり辞めさせてはもらえず、「考え直したほうがいい」「別の役職を与えるから」「分社化するからそこの社長になればいい」など、あらゆる言葉で引き止められました。当時の社長、副社長にはとてもお世話になり、それらの言葉もとてもありがたかったのですが、私の気持ちは変わりませんでした。「いろいろお世話になり、ほんとうに感謝しています。でもこの仕事を続けていたら、僕は自分の命が続かないと思います。そういう生き方をしたくないということが、10年やってきてわかりました。だからやはり辞めさせてください」とハッキリ伝えたのです。

結局、正式に辞めるまでに半年以上かかってしまいましたが、それでも無事に円満退職することができました。

その後もトントン拍子というわけにはいかず、紆余曲折あり、今に至ります。

ブックオフでのさまざまな経験は今の自分にたしかに活きています。**しかし同時にまた、あのときの「会社を辞めます、これ以上働くのは無理です」という断りがなければ、今の自分はなかったでしょう。**

今に至る大事なターニングポイントは社長や副社長に「別の役職を与えるから会社に残ってほしい」というお願いを〝断った〟ことでした。

このように、断ることが次の道を開く場合もあるのです。

最初のうちは断ることに大きな抵抗を感じるかもしれません。

でも断ったからこそ得られるものは必ずあります。断るからこそできる「道」もある。ぜひそこに注目してみてください。

また、断ったからこそ得られるものというのは、自分の手元に届くまでに、またそれを自分が実感するまでにタイムラグが生じる場合があります。ですから、すぐには断ったことのメリットを感じられないかもしれません。でも「あの時断ってよかった」と思える日が必ず来ると知っておいてほしいのです。

断らずにがんばる
時期も必要だが、
もし今あなたが
悩んでいるなら、
それは断り方を
身につける時期

第2章

印象がよくなるすごい断り方の基本7ルール

この章では、どんな場面でも使える断り方の超基本をお伝えしていきます。

野球にたとえるなら、この章は「基本のバッティングフォームを習得する章」です。 どれだけ「断ることが大切だ」と思っても、むやみやたらと断っていては、疲弊するだけです。それはバッターボックスに立ち、バットを変な持ち方で、闇雲に振っているようなものです。それではたとえバットにボールが当たったとしても、前には飛びません。

コミュニケーション能力の高い人にとっては「当たり前だ」と思うことも含まれます。ですが、その当たり前のことを断る際に意識的にやってみることで印象がよくなるので、是非とも試してみてください。

基本ルール①

まずは「３Ｋスタイル」で

基本は「感謝→結論→感謝」の3K

断り方の基本中の基本、それは「感謝→結論（断る）→感謝」の形式を取ること。どのような場面、どのような相手でも、この基本形が大事です。

具体的には、たとえば次のようになります。

ケース2-1　友人からの飲み会の誘いを口頭で断る場合

あなた　「誘ってくれてありがとう。（→感謝）でもその日は予定が入ってしまっていて行けそうにないんだ。（→結論）ごめんね」

友人　「そうかぁ、残念」

あなた　「誘ってくれてどうもありがとうね（→感謝）」

ケース2-2　**顧客から返品・交換が不可な商品の返品を求められ、断るケース**

あなた　「この度は商品をお買い上げいただきまして、誠にありがとうございます。(↓感謝)大変申し訳ありませんが、そちらの商品は返品不可となっておりまして、返品致しかねます(↓結論)」

顧客　「そうなの。じゃあ、仕方ないわね」

あなた　「申し訳ございません。お問い合わせいただきまして、どうもありがとうございました(↓感謝)」

「感謝↓結論↓感謝」の形式とは、このような断り方です。

まずは感謝の言葉を述べ、次に「行けない」「できない」という結論を伝えて断り、最後にもう一度感謝の言葉を入れます。私はこれを「基本の3Kスタイル」と呼んでいます。

うまく断れるかどうか不安に感じたら、まずはこの「基本の3K」を思い出してください。この3Kだけで乗り切れるケースは決して少なくないのです。

感謝に敬意を加えるとより印象がよくなる

この基本の「3Kスタイル」の「感謝」に「敬意」を加えると、より印象はよくなります。これは「3Kスタイル」の応用編といっていいでしょう。たとえば次のように冒頭に敬意を入れるのです。

「お仕事のご依頼ありがとうございます。（感謝）

フェイスブックでご活躍拝見しており、この度お仕事のご依頼いただけたこと、大変うれしく思います。（敬意）」

敬意とは、文字通り「敬う気持ち」ですが、むずかしく考える必要はありません。尊敬しているからこそ「いつも活躍を拝見している」「依頼をいただけてうれしく思う」のです。

このように感謝に続いて、敬意を表すことでより相手のもつ印象はよくなります。

穏やかに、かつ明確に断るためのクッション言葉

感謝の次は結論を伝えます。

「できません」「行けません」「ご期待に沿えません」「ご要望にお応えでき

ません」など、「お断りする」という旨を明確に伝えます。

ただし唐突にお断りの言葉を述べるのは、相手にはキツく響き、また失礼になる場合もあります。そこで断りの印象を和らげる「クッション言葉」を入れていきます。

クッション言葉というのは次のようなものです。

【クッション言葉の例】

「恐れ入りますが」

「申し訳ございませんが」

「失礼ですが」

「あいにくですが」

「差し支えなければ」

「お手数をおかけしますが」

「できましたら」

「申し上げにくいのですが」
「もし、よろしければ」

クッション言葉を添えて断ると、次のようになります。

【断る場面でのクッション言葉】使用例

×ご対応できません。
○申し訳ございませんが、対応ができかねます。
×只今席をはずしております。
○あいにくですが、只今席をはずしております。
×承認が下りませんでした。
○残念ですが、承認が下りませんでした。
×その日は予定が入っております。
○せっかくなのですが、その日は予定が入っております。

×今回は辞退させていただきます。
○身にあまるお話ではあるのですが、今回は辞退させていただきます。
×ご遠慮させていただきます。
○せっかくのご厚意なのですが、ご遠慮させていただきます。
×ご了承をお願い致します。
○ご期待に沿うことができず申し訳ありませんが、ご了承をお願い致します。
×ご対応は致しかねます。
○重ね重ね申し訳ありませんが、ご対応は致しかねます。

単に「欠席します」「ご要望にお応えできません」「その日は行けません」とだけ伝えるより、何倍も印象は柔らかくなりますね。

「行けたら行く」はＮＧワード

ところで、３Ｋの「結論」部分で、「行けたら行く」と言う人がいます。

何かの会などに誘われたときに、ハッキリ「行く」「行けない」と答えるのではなく、「行けたら行く」と返事を濁す人です。この答え方はＮＧです。

このように答える人は、たいてい実際にはその場に行きません。

でもとりあえずその場しのぎで「行けたら行く」と答えるのは、ハッキリ「行けない」と答えると嫌われるかもしれない、摩擦を起こしたくないなどの気持ちがあるからでしょう。

しかし実際は逆効果です。「行けたら行く」という言葉は、本人が行きたいと思っているのかそうでないのかが判然としないものです。「ほんとうはそれほど行きたくないけれど、都合がつけば行ってもいいと思っている」という意味にも取れるし、「ほんとうは行きたいけれど、行けるかどうかわからない」という意味にも取れるとても曖昧な言葉です。

言われた人の大半の本音は、「行けるのか行けないのかハッキリさせてほしい」です。

そして、当日になって行かなければ「あいつはそういうやつだ（思わせぶりなことを言うけれど、本心は違うやつだ）」と思われてしまいます。逆に結果的に行けたとしても、「都合のいいやつ」と思われかねません。

行きたくないのなら、「行けたら行く」などと言葉を濁さずに、ハッキリと「行けない」と断ったほうが印象はよくなります。


ただ、ほんとうにスケジュールがハッキリせずに、「行けたら行きたいけれど、予定が決まらない」という場合もあるでしょう。

その場合は、お誘いいただいたことに感謝し、「行きたいのですが、スケジュールがまだハッキリせず、お約束ができません。決まり次第ご連絡します」と正直に伝えましょう。**ポイントは約束できないことには「行きます」と言わないこと。スケジュールが決まり次第、すぐに自分から連絡すること**
です。

とにかく
「感謝↓結論↓感謝」
を意識する

基本ルール②

最初に名前を呼ぶ

「お客様」や「あなた」ではなく、名前を呼ぶ

（レストラン入店時）
A 「いらっしゃいませ」
B 「いらっしゃいませ、津田様」

だれもが自分の名前をもっています。そして、自分の名前を覚えてもらって嬉しくない人はいません。

「相手の名前を呼ぶ」というのは相手の名前を覚えているサインでもあります。レストラン入店時に店員さんからの挨拶がAとBの場合では、あきらかにBのほうが印象がよくなるのはおわかりだと思います。

挨拶ひとつとっても、単に「おはようございます」と言われるより、「津田さん、おはようございます」と言われたほうが、「お疲れ様です」とだけ

言われるより「津田さん、お疲れ様です」と言われた方が私も嬉しい。あなたも同じではありませんか？ **名前が入るだけで、社交辞令や義理で言っているという感覚がなくなり、きちんと自分に言ってくれているんだなという感じがするのです。**

断る場面でも同じことが言えます。

相手の名前がわかっている場合は、しっかり相手の名前を呼んだ方が相手の印象はよくなります。

「今回の件、誠に申し訳ないのですがご期待に沿えません」
「津田さん、今回の件、誠に申し訳ないのですがご期待に沿えません」

後者の方が印象がよくなりませんか。

これは名前で呼びかけるところがポイントです。「お客様」や「あなた」

「君」などの呼び方もありますが、これだと言われた方はどこか距離を感じ、他人事のようにも聞こえてしまいます。

名前を呼ぶ際に、上下関係や立場などは関係ありません。相手が部下や後輩、自分よりもずっと年齢が下の人の場合であっても（むしろその場合は一層気を使って）、名前を入れるべきでしょう。

「あの〜」ではなく「○○さん」と最初に呼ぶ

また、名前は最初に入れるほうが効果的です。これは心理学用語で「初頭効果」といって、「最初に示された特性が、印象（記憶）に残りやすく、後の評価に大きな影響を与える」というもので、ポーランド出身の心理学者が1946年に提唱しました。

たとえば、上司の依頼を断わりに行く際、「あの〜」と恐る恐る声をかけるのではなく、「○○さん」とハッキリ名前を呼んだほうが印象がよくなるのです。

メールやLINEなど、文章で断りのメッセージを伝えるときも同様で、最初に必ず名前を入れます。

LINEやフェイスブックのメッセンジャーなどの「1対1」でのやり取りは、わざわざ名前を入れなくても不都合はありません。でもそこをあえて名前を入れます。「ありがとう」の感謝の気持ちも、「ごめんなさい」というお詫びの気持ちも、名前を呼びかけてから伝えるのとそうでないのとでは、相手の心への届き方が変わってきます。

名前を呼ぶ
必要がない場面でも
あ・え・て・名前を
呼ぶことで印象は
ぐっとよくなる

基本ルール③

合計3回、感謝を伝える

脳みそに〝感謝〟を印象づける

ドイツの心理学者のエビングハウスが提唱した「忘却曲線」では、「人間の記憶は20分後には42％を忘れ、1時間後には56％を忘れ、1日後には74％を忘れる」とされています。

つまり、10個単語を覚えても、1日後には2個か3個しか覚えていないことになります。

断った後、相手の頭の中に、〝断られた事実〟よりも、〝感謝された印象〟が残ったほうが印象はよくなります。

私はこの〝感謝〟を覚えてもらうために3回伝えるようにしているのです。

「お声を掛けていただきありがとうございます」「お誘いいただいてありがとうございます」といった感謝の気持ちが相手の頭の中に残っていると、「またお願いしようかな」「また誘おうかな」という気持ちになるのです。

最初にお伝えした、「感謝→結論→感謝」の3Kスタイルには、「感謝」が2回入っています。では、もう1回はどうすればいいのでしょうか。**ポイントは「時間をおいて伝える」です。**その後、改めてメールなどをするとき、あるいは後日会ったときなどに「先日はお声掛けいただき、どうもありがとうございました」などと感謝の気持ちを述べるのです。

たとえば、だれかに食事を奢ったときなど、その場で「ごちそうさまでした」と言われるのはもちろん嬉しいですが、改めてLINEやメールで感謝の気持ちが届くとより嬉しく感じませんか。

「断ること」は相手の期待を裏切ることでもあります。そんな相手には、感謝をしっかり伝え相手の脳に記憶させることで印象がよくなるのです。

また、断りの際に感謝の言葉を使わず「すみません」で終わらせてしまう人がいますが、これは相手の印象はあまりよくありません。「すみません」ではなく、「ありがとうございます」を使ったほうがよいでしょう。

恋愛や夫婦関係でも「3回感謝」はとても有効

仕事に限らず、恋愛や夫婦関係でも、「感謝を伝える」ことを大切にしてほしいと思います。

恋愛や夫婦関係でも、「感謝を3回伝える」はとても有効です。

恋愛や夫婦関係でもちゃんと断ることは大切です。「好きだから」「好かれたいから」という理由で断れない人がいますが、そのような関係は長続きせず、続いたとしても対等な関係ではないので、疲弊してしまいます。

とはいえ、パートナーから断られることでいい気持ちになる人はいませんん。近しい関係だからこそ、余計にショックなこともあります。だからこそ、「感謝の気持ち」を伝えることが大事になります。長い間一緒にいるからといって、感謝をおろそかにするのではなく、感謝を3回伝えることを意識しながら、ちゃんと断るときは断るような関係になることができれば、良好な関係を続けることができます。

是非とも、仕事やプライベートで断ることがあれば「3Kスタイル」で断った後、時間をおいてもう一度感謝を伝えてみて下さい。あなたの印象はぐっとよくなるはずです。

#「感謝」は
時間をおいて
もう1回伝えよう

基本ルール④

「忙しいから」も正論を言うのもNG！

断る理由は必ず伝える

本章の冒頭で、断るときには「感謝→結論→感謝」の〝3Kスタイル〟が基本、とお伝えしました。

「結論」部分には、「できません」「行けません」「参加できません」などの「断り」の文言が入りますが、ここには必ず断る理由も添えます。

たとえば、あなたが友人を映画に誘い、その返事が次のように来たとしましょう。

A「ごめん！　行けない」
B「ごめん！　その日は仕事が入っていて行けない」

AとB、あなたはどちらの方がよい印象を受けますか。

このどちらかであれば、多くの人はBの方がよい印象を受けるでしょう。

Aの場合は、どうして行けないのかが気になりますね。すでに予定が入っているから行けないのか、それとも映画が気に入らないのか、ひょっとして私がいけないのかなど、いろいろと勘繰ってしまいます。

よって、「断る理由」は必ず入れます。

「忙しいから」はNG。より具体的に

断る理由で多いのが「今忙しくて……」という理由ですが、これはあまり印象のいい断り方ではありません。相手は何がどう忙しいのかイメージできないため、「あまり気乗りしないいんだな」と思われてしまうこともあります。

断る理由はできるだけ具体的なほうが、印象はよくなります。

「忙しいので……」ではなく「仕事で忙しくて……」のほうが、「年末進行

の依頼が殺到していましてスケジュールがいっぱいなんです」のほうが、相手はこちらの忙しさをイメージできるので、印象がよくなります。

もちろん理由を話せることばかりではないと思いますが、**断るときは「できるだけ理由を具体的に」がポイントです。**

受け手の中には「忙しいという理由は便宜上使っているだけで、ほんとうは来たくないんだな」などと察してくれる人もいるかもしれませんが、「今は忙しい」という言葉を真に受ける人もいます。

「今は忙しいなら、いつになったら落ち着く?」「今は忙しいかもしれないけれど、来月なら大丈夫なのでは?」などと、重ねて誘ってくる可能性もあるでしょう。

たとえ本当に忙しいとしても、断りたい相手には「忙しい」という理由は不向きなのです。

断る理由を「自分のせいにする」

前項で「断る理由は必ず伝える」と書きましたが、「断る理由を正直に言えない」という場合もありますね。

たとえば依頼や誘いの内容が気に入らない、そもそも依頼や誘いをして来た相手が気に入らないとき、それを正直に言ってしまっては角が立ちます。

相手の印象は悪くなるどころか恨まれる可能性だってあります。

このようなとき、相手の印象を悪くせずに断るにはどのように伝えればよいのでしょうか。

その一つに、自分の感情を理由にする方法があります。

たとえば、あまり気の合わない仲間から飲み会に誘われたとき、次のように言ってみるのです。

〈例〉せっかくお誘いいただいたのですが、じつは私は大勢の人と一緒にお酒を飲むのが苦手です。ですから今回はお断りさせていただきます。

ポイントは断る理由を自分のせいにすること。

断る理由は相手にあるのではなく、「自分の好みに合わない」「自分の趣味ではない」「自分は苦手」など、自分側にあることを正直に伝えるのです。

そうすると、相手を責めずに断ることができます。

嫌いな人は「パクチー君」

ちなみに私は、自分が苦手な人、嫌いな人を密かに「パクチー君」と呼んでいます。

パクチーって、好きな人と嫌いな人が極端に分かれますよね。それは単に自分の味の好みの問題で、パクチーそのものがよいわけでも悪いわけでもありません。

人間もそれと同じで、私が嫌いだと思う人もその人がよいわけでも悪いわけでもない。たまたま私の好みが合わなかっただけです。

〝状況〟も同じです。たとえばあなたが「大勢の人との飲み会」という状況が嫌いだとしても、「大勢の人との飲み会」がよいわけでも悪いわけでもありません。たまたまあなたが苦手だっただけです。

断るときにはこのことをうまく伝えればいいのです。

「正しさ」をもち出さない

ところで、自分の好みではない人や状況の誘いを断るとき、「正しさ」をもち出す人がいますが、これは厄介な展開になる可能性がありますし、相手が受ける印象も悪くなります。

たとえば仕事で付き合いのある既婚者の異性が「二人で食事をしましょう」と誘ってきて、あなたは断りたいとしますね。

この場合、もし次のように言ったら相手はどう感じるでしょうか。

あなた　「お互い既婚者同士の二人が、パートナー以外の人と二人きりで食事をするのはよくないと思うのです」

どうでしょう？

言っていることは間違っていませんが、これを言われるのは「そんなあなたは正しくない」と言われたも同然です。すんなり「そうですね」と言う気にはならないでしょう。

どんな場合でも、人にはそれぞれ、さまざまな考え方があります。そもそも万人にとって正しいことというのは世の中にはほとんどなく、自分の正しさと相手の正しさが違うだけということの方が多い。なので**「正しいか正しくないか」を持ち出すと、相手を傷つけるだけでなく不毛なやりとりに発展する可能性が高い**のです。

この場合も、たとえば次のように、理由を自分側に置きます。

あなた「既婚者の方と二人きりで食事をするのは、私にはどうしても抵抗があります。ですから今回はごめんなさい」

このように正論を言うのではなく、自分側の個人的な気持ちをちゃんと伝えた方が、その後に印象はよくなります。

断る理由は、「より具体的」に。そして、「自分のせい」に

早く、短く。

投げた瞬間から相手は待ち構えている

断ったときの相手の印象を大きく左右するものの一つに、レスポンスまでの時間があります。

「返事を長い間待たされた挙句、結局断られてがっかりした」という経験、あなたにはありませんか。断りにくい相手への返事をギリギリまで先延ばしにして断る、というのはもっともやってはいけないパターンです。

依頼や誘いをした場合、基本、**相手からのレスポンスは早ければ早いほどよい印象を受けます。**依頼や誘いという「ボール」を投げた立場にしてみれば、投げた瞬間から相手の反応が気になるからです。

相手は好意的に受け止めてくれているだろうか、不機嫌になっていないだろうか、引き受けてもらえるだろうか、喜んで参加してくれるだろうかなど、状況によってさまざまな思いを抱きます。よってどんな内容であれ、結果は早くわかったほうがありがたいのです。

よって返事をするまでに時間がかかりそうな場合は、まずはその旨を次のようにできるだけ早く相手に伝えましょう。

「この度はご依頼いただきありがとうございます。このようなお仕事をいただけたことを大変うれしく思います。スケジュール等々確認しますので、正式なお返事は少々お待ちください」

とにかく、依頼はたしかに受け取ったことを伝え、どう返すかはその後で検討します。

断る理由をダラダラと述べない

仕事柄、人は他人の話をどれくらいの時間、集中して聞けるのかを調べたことがあります。

テレビのニュース番組で、一つのニュースは、1分10秒~1分半にまとめられているそうです。これもそれ以上長くすると、視聴者の集中力が切れてしまうから。

入社試験の面接官の場合はさらに短く、学生の話を集中して聞けるのはわずか15秒だそうです。15秒から30秒の間で半集中力状態となり、1分を超えると多くの面接官は長く感じ、イライラし始めるのだそうです。

人が他人の話に集中できる時間というのは、意外と短いわけですね。

このことは、断るときにも当てはまります。

依頼や誘いを断るということは、基本相手の印象を悪くしますが、その上ダラダラと断る理由を話し続けたのでは、一層相手の気分を悪くさせてしまうのです。

そこで断るときには、断る理由を簡潔に伝えることをめざしてください。**時間でいえば目安は1分以内です。文字数にするとだいたい500字以内と思ってください。この本のページは1ページ34文字の14行で組まれていて、文字をページ一杯につめると476文字になります。だいたいこの1ページを超えると、「長いな」と思われる意識を持ちましょう。**

簡潔にわかりやすく伝えられれば、それだけで相手の印象は変わります。

長くても1分。
文章だと
500文字以内

基本ルール⑥

「気持ち」と「事実」を交互に伝える

事実だけでも、感情だけでも人は〝ムッ〟とする

たとえば、深夜の駅のホーム。あと数秒で終電が出発してしまうというとき、あなたは何とかその電車に乗ろうとダッシュしているとしましょう。

でも、電車のドアまであと数メートルというところで、無情にもスーッとドアは閉まってしまいます。

こんなとき、もしドア付近に駅員が立っていて次のような反応をしたら、あなたはどう思いますか？

あなた「あと数秒なんだから待ってくれてもいいじゃないですか（泣）」

駅員「いや、発車時刻を過ぎましたから。これはルールなので」

こんなふうにキッパリ言われたら、「いや、ルールなのはわかるけれど、少しはこっちの気持ちも考えてくれてもいいのでは?」という気になりませんか。

私は、県庁や市役所などの役所でのクレーム対応の研修も毎年行っていますが、クレーム対応がうまくない人は、「ルールなので」「決まりなので」という言い方を頻繁にします。決まりなのは事実ですが、言われた相手はいい気分ではないので、こじれることが多いのです。

あるいは、次のように言われたらどうでしょう?

あなた 「あと数秒なんだから待ってくれてもいいじゃないですか(泣)」

駅員 「いや、発車時刻を正確に守らないと後で上司にめっちゃ怒られるんです。すでに乗車しているお客様からクレームが来るのも嫌なんです」

これはこれで嫌な気持ちになりますね。「自分のことしか考えていないの?」という気持ちになります。

人は不思議なもので、正しいことだけを理路整然と言われるのも不快ですが、感情的なことばかりで、それはそれで鬱陶しく感じるものです。

これは普段のコミュニケーションの場面でも同じです。

断る理由が正しいものであっても、それだけを言ったのでは相手を不快にさせるし、感情的なことばかりに終始しても相手は不快になるのです。

感情と事実を交互に

そこで気持ち(感情)と事実を交互に伝えることを意識してほしいのです。

こういうと何だかむずかしい感じがするかもしれませんが、私たちは意外と無意識に感情を伝える言葉と事実を伝える言葉を交互に使っているものなのです。たとえば次の例を見てください。

（例）「お誘いいただいてどうもありがとうございます」（↓気持ち）
「しかしその日は関西方面に出張の予定が入っており、今回の会に参加することができません。」（↓事実）
「参加できないのはほんとうに残念ですが、お声を掛けていただけたことはとても嬉しかったです」（↓気持ち）
「次回開催の折は、仕事の調整をしてぜひ参加したいと考えております。次回の開催日時が決定しましたら、ぜひご連絡ください」（↓事実）
「改めて、今回のお誘い、どうもありがとうございました！」（↓気持ち）

この例はオーソドックスな断り方の例ですが、ちゃんと右脳言葉と左脳言葉が交互に入っていますね。

ルール①で、断るときには「感謝→結論（断る）→感謝」の順で伝えるという3Kスタイルを紹介しましたが、じつはこの順番も、結論のところできちんと事実を伝えれば、順番に「気持ち→事実→気持ち」となるのです。

理論派はとくに注意

といっても中には、感情ばかり、あるいは事実ばかりを無意識に使ってしまう人も少なくありません。

これまで数々のクレームの現場を見てきた経験から、私はとくに理論派の人は気をつけたほうがいいと思っています。

なぜなら理論派の人の論理的で効率を重視する姿勢は、とくに会社の仕事ではとても重宝されるからです。何かトラブルが起きたときも、筋道を立てて素早く解決策を見出せるので、その点を評価されます。つまり、論理的で効率的であるのはとてもよいことだとされている。

しかし断るときには、それが裏目に出てしまう場合があります。相手に非常にドライな印象を与え、理詰めで相手を潰してしまう可能性があるのです。もしあなたが理論派を自覚しているなら、意識的に感情を表現する言葉を使っていくといいでしょう。

最後に、気持ちと事実を交互に使った理想の断り方を紹介します。

ケース2-3　終電に間に合わなかった客に対する駅員の対応

客「あと数秒なんだから待ってくれてもいいじゃないですか」
駅員「お気持ちはよくわかります（感情）」
客「わかるなら待っててよ」

駅員「お気持ちはよくわかるのですが、お持ちすることはできないんです（結論・事実）」

客「どうしてだよ！　たかが数秒じゃないか！」

駅員「お客様（名前がわからない場合でも呼びかける）。電車には様々なご事情で乗車されている方がいらっしゃいます。電車が遅れると、いろんなお客様にご迷惑をおかけすることにもなりますので、お伝えしていた時間通りに発車する役目が私共にはあるのです。（事実）ご理解いただけませんか？（感情）」

客「いや、そちらの事情もわかるけどさ」

駅員「私共の電車をご利用いただきまして、お客様には感謝しております（感謝）。ところで、お客様、お怪我などございませんでしょうか？（感情）」

ケース2-4 仕事関係者（既婚者の異性）が「二人で食事をしましょう」と誘ってきたケース

相手「今度二人で食事をしませんか？」

あなた「お誘いいただきましてありがとうございます！（感謝・感情）でも、大変申し訳ありませんが、他の方もご一緒ならお受けいたしますが、二人だけのお食事はできかねます（結論・事実）」

相手「どうしてですか？食事をするだけですよ」

あなた「それはよく承知しております。ただ、これはあくまでも私の個人的な気持ちなんですが、既婚者の方と二人きりで食事をするのは、どうしても抵抗があります。○○さん（名前を呼ぶ）のような素敵な方にお誘いいただきましてとても光栄に思います。今回は本当にすみません。お気持ちは大変嬉しく思っております（感謝・感情）」

論理的な人は「感情」を感情的な人は「事実」を意識して伝える

基本ルール⑦

第一声をとくに気をつける

もっとも印象の悪い声はどんな声か

企業等の電話応対の専門部署であるコールセンターでは、表情がわからない分、スタッフの「声」が顧客の印象を大きく左右します。このことから、各コールセンターでは声の印象度調査を実施しています。

この調査結果で出た、「もっとも顧客の印象が悪い声」はどのような声だと思いますか。

それは、小さな声です。

小さすぎて、何を言っているのかがハッキリ聞き取れないような声が、顧客をもっともイライラさせるのです。

そして印象は、第一声で決まります。第一声が小さいと、その瞬間に聞き手は「小さくて聞こえない！」とイラッとするわけです。

だれかの依頼やお願いを断る際、「申し訳ない」という気持ちから声がどうしても小さくなってしまうことがありますが、気をつけてください。どんなによいことを言っていても、相手に届かなければ意味がありません。

また、第一声がもっとも大事ですが、最後も大事です。語尾がハッキリしないと結局相手は何を言いたかったのかがわからない、となる場合が多いのです。

いつもより一つ声のトーンを高くする

また、声のトーンも大事です。

一般的には「ファ」か「ソ」の音が、印象のいい声の高さだと言われていますが、私は「ファ」や「ソ」にこだわらず、「普段より一つ高い音を出して下さい」と伝えています。

人にはそれぞれ、自分がもっとも出しやすい声の高さがあり、通常、人がだれかと会話するときにはその高さで話しています。

ただその高さは感情が乗りにくい高さなのです。

試しに、「ありがとうございます」という言葉を、いつものトーンと、いつもより少し高いトーンとで言ってみてください。

高いトーンで言ったときのほうが、気持ちが乗る感じがしませんか。

断りの場面はいろいろな場合があるので、すべての場面で「トーンが高いほうがよい」とは言えません。説明する際などは、余計な感情が入らないいつものトーンのほうがよい場合もあります。

ただ**少なくとも最初と最後は、また平均的には全体を通しても、いつもより少し高いトーンのほうが相手に与える印象はよくなります。**

とくに電話の場合は、表情が見えない分、声に気をつかう必要があります。

電話でもお詫びのときは〝頭を下げる〟

対面の場合、声以上に気を配りたいのが表情です。

なぜなら、表情は私たちが想像する以上に心の内を映し出してしまうからです。

たとえばクレームの対応をしている社員が心の中で「とりあえず早くおさめて次の仕事に取り掛かりたい」「とっとと終わらせて早く帰りたい」などと思っていると、どんなに言葉遣いがよくてもその気持ちは顔に出てしまいます。

あるいは目がまったく笑っていない人が「嬉しいです！」などと言っても、どこか信じ難いですね。

よく「顔は心の鏡」といいますが、まさにその通りなのです。

また、不思議なことに表情というのは見えていなくても伝わるところがあります。電話越しの相手の表情が見える気がするときがありませんか。

よく電話をしながらペコペコと頭を下げて、お礼やお詫びをしている人がいますが、その心からの気持ちは、電話の向こうの相手に伝わっているはずです。ですから**コールセンターの中には、スタッフに対して「お詫びをするときはきちんと頭を下げるように」と指導しているところもある**のです。

また、対面の場合は視線にも気をつけてください。

要所、要所で相手の目をきちんと見て話すことは大事ですが、あまりにじーっと見ると相手が威圧的に感じる場合があります。

試しに友だちや同僚などに、黙って数秒、目をじっと見てもらってみてください。何か見抜かれているような、自分を分析されているような気分になると思います。私は仕事柄、余計にそう思われるらしく「津田さんにじっと見られると、怖い」と言われてしまうこともあります。

話しているときに**相手の目をじっと見てしまう癖のある人は、目より少し下のほうを見る感じにするといいでしょう。**そのほうが相手は威圧的に感じませんし、目線がはずれているとも思いません。

声は一つ高く、
少し大きく。
目線は目玉の
少し下で

矢沢永吉の断り方はなぜ最高なのか？

最初はとにかく「3Kスタイル」だけを心がける

さて、ここまで印象がよくなる断り方の基本ルールをお伝えしてきました。

一度、ここで本章の内容をおさらいしておきましょう。

①　まずは「3Kスタイル」で
②　最初に名前を呼ぶ
③　合計3回、感謝を伝える
④　「忙しいから」も正論を言うのもNG！
⑤　早く、短く。
⑥　「気持ち」と「事実」を交互に言う
⑦　第一声をとくに気をつける

この7つのルールをすべて意識する必要はありません。

まずはルール①のみを意識して実践してみてください。**断りたい旨とその理由を「ありがとうございます」という感謝で挟み「感謝→結論→感謝」にすること。**このことだけに集中するのです。

私の経験上、断っても相手の印象がよい人はこの7つのルールのうち3つほど、意識しているかどうかは別として、クリアしていることが多いです。ルール①になれてきたら7つのうち3つを加味して断るようにしましょう。

矢沢永吉の断り方は、基本をおさえている

ところで、「イントロ」でご紹介した矢沢永吉さんの断り方を覚えているでしょうか。

この矢沢さんの言葉をあらためてよく見てみると、本章でお伝えしてきた

「基本」がいくつもおさえられていることに気づきます。

「近藤さん」と名前を呼びかけ（ルール②）、「テレビでよく拝見しています。あなたの活躍ぶりは素晴らしいし、かっこいいと思う」（ルール①の応用）と相手に敬意を示しています。

また、「あなたのために最高の曲を作りたい、でも自分もミュージシャンだから最高の曲ができたら自分で歌いたい」という断りの理由を述べ、その断りの理由を自分側に置いている点（ルール④）などです。また、声に出して読んでもらうとわかると思いますが、断りのセリフはゆっくり話しても40秒程度で済みます（ルール⑤）。

また、矢沢永吉さんの断り方が「最高の断り方だ！」と絶賛された理由のひとつに、「わざわざ直接電話して断っている」こともあげられるでしょう。マネージャーを通して断ることもできたはずです。「本人が直接電話して伝える」ことでより印象がよくなったことは間違いありません。

メールやメッセンジャーで済むところを、「電話や手紙で断る」のは印象をよくする有効な手立てになります。ただし、あくまでも基本がしっかりしているからこその手段だと思ってください。電話しても「すみません！」を繰り返すだけでは印象が悪くなることもあります。

最後に、ビジネスメールでの断り方の例を載せておきます。ビジネスメールで断る際は、表情や声のトーンがわからない分、話すときよりも曖昧な表現を避け、ハッキリと断るようにしましょう。

【ビジネスメールで印象がよくなる断り方の例】

メール件名：業務委託のご依頼の件

〇〇株式会社

人事部　〇〇 様

お世話になっております。

株式会社Cube Roots津田卓也と申します。

このたびはお仕事のご依頼をいただき誠にありがとうございます。

さて、今回ご依頼くださいましたコンサルタント業務につき、誠に遺憾ではございますが、

❹弊社内のリソースが不足しておりお受けいたしかねます。

せっかくの機会をいただいておきながら、このような返答となりましたこと

深くお詫び申し上げます。

また、❹弊社内の問題にてご迷惑をおかけしますこと併せて陳謝いたします。

このような形になってしまいましたが、〇〇株式会社様からご依頼いただけたことは

ほんとうにうれしく思います。ありがとうございました。

何卒宜しくお願い申し上げます。

株式会社Cube Roots
代表取締役
津田卓也
〒XXX-XXXX
東京都●●区●●Δ-Δ-Δ
電話：XXXXX
FAX：XXXXX
E-mail：XXXXX

基本ルール❶
感謝⇒結論⇒感謝

❶感謝

❶結論

❶感謝

基本ルール❹
理由を「自分のせい」にする

基本ルール❺
早く、短く

返信はできるだけ早く。
文章は500字以内で。
このメールは301文字。

基本ルール❷

「最初に名前を呼ぶ」（P96参照）

自分の名前を覚えてもらえてうれしくない人はいない。特に最初に呼ぶのがgood！

近藤さん、

あなたのことはテレビでもよく拝見しています。あなたの活躍振りはとても素晴らしいしカッコいいと思う。

だからあなたの為に最高の曲を作りたい。

基本ルール❶ 応用

「相手に対し敬意を示す」（P87参照）

近藤さんに興味があることを伝え、敬意を示している。

基本ルール❶
「結論をハッキリと伝える」（P92参照）
“3Kスタイル”のうちのひとつである“結論”はあいまいにすると印象が悪くなる。言いにくいからこそハッキリと。

でも、ごめんね。
あなたも同じ歌手だからわかると思うけれど、
最高の曲ができたら自分で歌いたい。
それはきっと、
ジョン・レノンだって同じでしょう？

基本ルール❹
「断る理由を自分側にもってくる」（P112参照）
近藤さんの依頼を断る理由が“自分で歌いたくなるせいだ”と自分側に理由をおいている。

第3章

手ごわい相手の対処法

2章で断り方の基本ルールを学んでこう思った人もいると思います。

「あの人はそんなに簡単に断れないよ……」

この章では、そんな基本だけではなかなか断れない、手ごわい相手の対処法をお伝えします。

野球にたとえるなら、この章は「変化球の打ち方を身につける章」です。ストレートだけなら楽なのですが、野球も人生もそんなに甘くはありません。クレームなら手ごわい相手のオンパレードです。この手ごわい相手との関わりこそコミュニケーション能力が試される場面です。もしあなたが人間関係で悩んでいるなら、この手ごわい相手をうまく断ることでその悩みが解消されるはずです。

手ごわい相手の対処法①

「戦う」のではなく「相談する」

基本だけでは断り切れない相手もいる

前章の第2章では、「断り方の基本ルール」をお伝えしました。ただし、この基本だけではうまく断り切れない場合もあります。多くの場合は、基本のルールを意識して断ることが可能です。しかし、生きていると、仕事でもプライベートでも何度か「手ごわい相手」に遭遇します。みなさんも、一度は遭遇したことがあると思います。

たとえば、次のようなやり取りです。

ケース3-1　役所の例「なんとか5時半まで開けてくれ」

職員　「はい、もしもし。住民課です」
住民　「住民票がほしいんだけれど、今日は、窓口は何時まで？」
職員　「夕方5時までになります」

住民「え？　そんなに早いの？　5時半までには行けると思うから、それまで開けておいてもらえない？」
職員「わざわざご確認いただいてありがたいのですが、窓口は5時までになっていまして……」
住民「5時にはどうしても行けないんだよ。で、どうしても今日中に住民票が必要なんだよ。なんとかならない？」
職員「そう言われましても」
住民「なんとか頼むよ」

ケース3-2　仕事関係の人からデートのお誘い

男性「今度デートしようよ！」
女性「今、ちょっと忙しいんだよね」
男性「いつ頃なら忙しくなくなるの？」

女性「まだわからないんだ」
男性「これからずっーと時間がないわけじゃないでしょ？　君に合わせるよ。時間の都合がついたら連絡してよ」
女性「……」
男性「食事くらいいいじゃないか？　頼むよ」
女性「……」

これらのように、無理なお願いや誘いを受けて断ったものの、相手がなかなか引き下がってくれないという場面、あなたも遭遇したことはありませんか？

【ケース3－1】の役所の例も【ケース3－2】の異性からのお誘いの例も、よく私に寄せられる相談ごとのひとつです。

【ケース3－2】は、デートに誘われた女性は既婚者で、断りたいと思っています。ただ、仕事の関係の人でとくに悪い感情を抱いているわけではなく、このまま良好な仕事上の関係を続けたいと思っています。

近年、フェイスブックやツイッターのメッセージで、「デートに誘われていて困っている」という相談ごとが増えました。SNSのない時代なら、直接つながることのなかった人でも、気軽につながり、気軽にメッセージが送れるようになったからこその悩みごとです。

これらのケースのような「やっかいな人」「困った人」には、「断り方の基本」が通用しないことがあるのです。

そこで本章では、このような「手ごわい相手」の対処法をお伝えします。「やっかいな人」「困った人」ということもできるでしょう。このような人たちにも、言いなりにならず、うまく折り合いをつけ、最後はしっかり断って、かつ自分の評価は落とさない方法を紹介していきます。

どんな相手でも「戦わない」のが基本

早速ですが、**手ごわい相手の場合、何より大事なのは「戦わない」という姿勢です。**

たとえ相手がひどい人でも、どんなに理不尽なことを言ってくる人でも「戦わない」という意識をもつようにして下さい。

「自分の要求を通したい相手」と「それを受けたくない私」なので、どうしても対立する構図になりやすいのですが、**対立の構図になると、相手を打ち負かそうとし、お互い戦いの姿勢になって、状況はどんどん悪くなります。**

お互いがファイティングポーズを取っている状態です。

手ごわい相手には戦うのではなく〝**相談する**〟**姿勢で相手と向き合う**のです。

「あなたが自分の要求を通したいということはわかりました。でも私はそれを受けられません。ではどうしたらお互いが納得できるかを一緒に考えましょう。そしてお互いが納得できるポイントを見つけましょう」というスタンスを取ります。そうすることで、両者が対立せずに同じ方向を向くことができるのです

【ケース3－1】の役所の職員と住民のやりとりの場合なら、職員がやるべきは、「窓口は5時に必ず閉まる」ということを住民に知らしめることではありません。「窓口が5時に閉まる」ことは変えられないけれど、ではどうしたら住民の要望に少しでも近づけることができるか、それを一緒に考えましょうという姿勢をとることです。

【ケース3－2】の場合も、「いいかげんにしてよ！　しつこいわね！」と言いたいところですが、相手が仕事関係の人の場合、今後の仕事に影響が出る可能性があります。実際には、なかなか強く言えない人が多いです。「できれば波風たたせずに断りたい」というのが本音でしょう。この場合まずは、「戦わない」を意識してください。**最初に戦ってしまい状況が悪くなってから立て直すにはかなりの労力がかかります。**

「相談する」「一緒に考える」ことで同じ方向を向く

手ごわい相手の対処法②

こちらの正しさを押し付けない

「正しさ」を押し付けると相手は沸騰する

前項では「戦わない」姿勢が大事だとお伝えしました。ここで注意してほしいことは、**戦う姿勢とは、何も派手に喧嘩するような態度ばかりとは限らないということ**です。見かけは静かであっても、戦う意識はなくても、こちらの意見や考えを何とか通そうとすることもまた戦う姿勢になってしまうのです。

たとえ自分の意見や考えの方があきらかに「正しい」と思ったとしても、その正しさを通そうとすることはすでに「戦う姿勢」なのです。

たとえば役所の窓口に「税金なんか払えない！」と憤慨してやって来た人がいるとしましょう。その人は税金を滞納して役所から督促状が届いている、でも失業中で税金として払うお金が手元にない、という状況だとします。

そして役所の窓口で怒鳴ります。

ケース3-3　役所の窓口にて

住民　「○月○日までに納めろと言っているけれど、俺は今失業して金がないんだ。食べるのに精一杯なんだ。こんなもん、急に払えって言われても困るんだよ！」

このようなとき、職員の中には次のように言ってしまう人がいます。

職員　「そうは言いましても、納税は国民の義務です」

あるいは「税金は昨年の収入で計算しているので、今の状況は関係ないんです」「事情はわかりますけれど、納めてもらわないと差し押さえになります」などと言う場合もあります。

職員の言い分はたしかに正しい。正論です。でも失業中でお金に困っている人が、いきなりこう言われたらどう思うでしょうか。

「そんなことは百も承知。でもそれができないからこうして来ているんじゃないか！」と憤慨する人がいてもおかしくありませんね。

このように、こちらの正しさを通そうとすると、結局相手と戦うことになってしまうのです。

「税金を払えない人」対「税金を払ってもらわないと困る人」の戦いの構図になってしまいます。手ごわい相手と戦ってしまうと、より状況は悪化し、こじれます。

しかし実際には、このような「戦い」になるパターンが多いのです。

私は役所のクレーム対応の研修も行っていますが、先にあげた「窓口を時間外に開けてほしい」「税金が払えない」などの要望、問題は実際によくあります。

以前、ある地方の役所で研修を行った際、「夕方5時以降まで窓口を開けておいてほしいと住民に言われた場合、どのように対応しますか？」と聞いたことがありました。すると多くの職員が「それはできないと答える」と言ったのです。

「では、なぜ開けておけないのかと聞かれたら、どう答えますか?」と聞いたところ、もっとも多かったのが「システムが落ちるから」、次に「規則で決まっているから」、三番目が「公平公正のためです」でした。

どれもたしかに正しい。

でもその正しさを通そうとしても、うまくいきません。何としてでも夕方5時以降まで窓口を開けておいてもらいたい相手にしてみれば、**正しいことを言われるとかえって腹立たしく感じてしまう場合も多い**のです。

3回同じやり取りをすると余計にこじれる

また何とか自分の正しさを通そうとすると、同じようなやり取りを繰り返すことが多くなります。

住民「何とか頼むよ」
職員「規則で決まっているものでして」
住民「規則には例外だってあるでしょう?」
職員「例外を認めてしまいますとキリがなくなってしまいますので」
住民「こっちは困っているんだよ」
職員「はあ、でも規則は規則なもので」

たとえばこのように、「こうだからできないんです」「こういうことだから無理なんです」など**同じやり取りを3回以上続けると、多くの人は一層憤慨するので要注意です。**

「世間が」「一般的には」「常識的には」はNGワード

自分の正しさをわかってもらおうとするとき、使ってしまいがちなのが「世間が」「一般的には」「常識的には」などの言葉です。

住民　「5時過ぎまで窓口を開けておいてくれない？」
職員　「申し訳ありませんが、それはできかねます」
住民　「そもそもどうして5時までなんだよ？」
職員　「常識的には、役所関係はどこも5時で窓口は閉まりますよね」
住民　「は？」

このように「常識的には」などと言われると、バカにされたような気持ちになりませんか。上から目線でものを言われているような気持ちになります。

相手が感情的になると、関係はこじれやすくなります。よって、「世間が」「一般的には」「常識的には」などの言葉は使わないようにしましょう。

何かを言うときは、必ず「私」を主語にします。**「世間ではそう言われている」「一般的にはこう言われている」などではなく、「私はそう思う」「私はこう考えます」などと言ってください。**

ビジネス以外のシーンでも同じです。前出の【ケース3－2】でデートに誘ってきた相手が既婚男性だった場合はどうでしょう。実際に既婚男性からSNSで不倫の誘いを受けたという相談は増えています。このように言い返したくなりませんか（実際に言えるかは別として）。

「私には旦那がいるんです。あなたにも奥さんがいるんでしょ？　既婚者同士が食事したことがバレたら周囲になんて言われるかわからないじゃない。そのくらいわからないの？　非常識だわ！」

言っていることはまったく間違っていませんし、仕事で関係のない人ならこのように言ってほしいところではあります。しかし仕事上で付き合いがあって、これからも良好な仕事関係を続けたい場合、なかなかこうは言えませんね。この場合も、私を主語にしてみてください。

「あなたと一緒に仕事できてうれしく思いますが、私には旦那がいて、そのような関係を望んでいません」

これはルール①の応用である「敬意を示す」とルール④の「理由を自分側におく」を合わせた断り方です。**大事なのは、相手の人格を全否定しないこと。**もちろん、相手と今後付き合うことがない場合や、もともと関係のない人であれば、ここまで気をつかう必要はありません。

「一般的には」「常識的には」もNG

手ごわい相手の対処法③

質問を駆使する

問題を共有し、「共同作業」にもちこむ

ここまで、手ごわい相手には「戦わない」「正しさを押しつけない」とお伝えしてきました。では、「戦わず」「正しさを押しつけず」に、印象よく断るにはどうすればよいのでしょうか。

大事なのは、問題を共有することです。

ここでビジネス場面での事例でみていきましょう。

ケース3-3　取引先からのむちゃなお願い

あなたは企業研修会社の営業です。付き合いの長い他社の人事部長から、このようなお願いをされました。

「今まで、役員研修だけだったが、来年からは新人研修をお願いしたい。とにかく社会人としての大事な考え方を徹底的にたたき込ん

ではしい。あとはビジネスマナー。言葉遣いや電話応対はとくに重点的にやってほしい。ロールプレイングも入れてほしいかな。他には、話し方とか、報告・連絡・相談の仕方とか、プレゼンのスキル、クレーム対応なんかも入れてほしい。時間は5時間を考えている」

ご要望はよくわかりましたが、あなたは要望通りの研修を実施すると、中身の薄い、効果的とはいえない研修になると思っています。

さて、あなたはこの人事部長にどう対応しますか?


相手は怒っているわけではありません。ただ、長年付き合いのある、大切なお客様です。人事部長であり次期社長候補ともいわれている人です。なかなか手ごわい相手です。ここで「問題を共有する」というスタンスをとります。問題を共有するためにいちばん簡単に使えるフレーズが「一緒に考えていただけませんか?」です。

あなた「この度は、新たなご依頼ありがとうございます。また、大変参考になるご意見をいただき感謝しております」

部長「いやいや、やっぱり社会人1年目の最初の研修だからね。我々も力を入れているんだよ」

あなた「そうですよね。やはり最初は肝心でございますから。今、お話をお伺いしておりまして、部長様のご要望は大変すばらしいと思いました。そこでなんですが、私どもの経験として、あまり詰め込みすぎると逆に効果が薄れるということがございます。なので、お気持ちはよく理解しておりますが、もう少しポイントを絞ったほうがよいのではないかと思います。大切な新人研修ですので、**さらによい研修になるよう、ご一緒に考えていただけませんか？**」

対処法①でも説明した通り「一緒に考えていただけませんか？」というフ

レーズは、一方的に相手の要望を受け入れるのではなく、一緒に考えることで御社の課題を解決し前に進みたい」という意志表示になります。つまり「共同作業」になるのです。対立した関係ではなく、同じ方向を向いた仲間になるのです。

質問を駆使して、相手の要望や問題を具体的に把握する

「問題を共有する」スタンスを示したら、具体的に相手の要望や問題を把握する必要があります。そのために質問するのです。先程のケースだと次のようになります。

あなた　「ご一緒に考えていただけませんか？」
部長　「えっ、それはどういうことだ？」

あなた「恐縮ですが、仮に部長が新入社員だと思っていただけますか？　その場合、社会人になってまず最初に教わりたいことは何でしょうか？」

部長「そうだなあ。まず、ビジネスマナーは知りたいな」

あなた「たとえば？」

部長「言葉遣いとか名刺交換とか」

あなた「どのくらいの時間を使って学びたいと思いますか？　10分でできますか？」

部長「いや、それは無理だよ。せめて1時間くらいはやってほしい」

あなた「そうですよね。では、研修開始してすぐに言葉遣いに入りますか？　新入社員同士の自己紹介とかアイスブレイクは必要ないですか？」

部長「いや、30分くらいはほしいかな？」

あなた　「では、自己紹介、アイスブレイク、言葉遣いと名刺交換だけで1時間30分は必要となりますね。5時間の研修だと残りは3時間30分になります」

ここで肝心なのは、**相手の要望を断るときは、一方的な説明にするのではなく、質問を使いながらのやり取りにするのです。**理由は、相手に話をさせることにより息を吐かせること（息を吐くという行為は副交感神経により安心感を与えることができます）と、こちらの伝えたいことを相手に言わせることで納得しやすくなるためです。また、感情的な相手には、相手の脳に〝？〟を投げ込むことで、クールダウンをさせる効果もあります。

「6W3H」の中でもとくに「なぜ（WHY）」が使える

コミュニケーションのセミナーやクレーム対応研修で「質問を駆使してください」と伝えるとき、私は「質問は難しいことを考えないでください」と言っています。手ごわい相手に断る際は、頭が混乱しがちです。そこで、「自分に有利に働くように」「相手の意図をくみ取って」などと考え出すと余計に混乱し、ちぐはぐな質問になってしまいます。ですので、基本の「6W3H」を使った簡単な質問を意識しましょう。6W3Hは次の9つです。

- なぜ（Why）……（例）なぜ、それが必要なのですか？
- 何を（What）……（例）何が必要ですか？　いちばん困っていることは何ですか？
- 誰（Who）……（例）どなたがおっしゃっていますか？

- 誰に（Whom）……（例）誰に聞けばわかりますか？
- いつ（When）……（例）いつまでに必要ですか？
- どこで（Where）……（例）どこにありますか？
- どうする（How）……（例）どうすればよいですか？
- いくつ（How many）……（例）どれくらいの期間が必要ですか？
- いくら（How much）……（例）いくらかかりそうですか？

この中でも、最初は「なぜ（Why）」を重視してください。

「なぜ、それが必要なのか」
「なぜ、そうしたいのか」
「なぜ、そう思うのか」

などの質問の答えには、相手の要望や相手が抱えている問題の本質が含まれている場合が多いからです。

役所の窓口でよくあるケースで6W3Hを使った質問例をみてみましょう。印鑑証明書の交付申請のために役所の窓口に来たものの、申請に必要な印鑑登録証をもたずに印鑑だけをもってきた人のケースです。

質問例①「印鑑登録証はご自宅にありますか?」(↓自宅にあり、取りに帰れるようであればそれを提案できます)

質問例②「ご自宅にどなたかいらっしゃいませんか? その方にもってきてもらうことはできませんか?」(↓時間内にもってきてもらえるようであれば解決です)

質問例③「マイナンバーカードをおもちではないですか?」(↓もっている場合、「コンビニエンスストアで申請できる場合も

ある」と提案できます）

質問例④「先方に提出期限を延ばしてもらうことはできませんか？よかったら私の方で問い合わせてみますが」（↓提出期限を延ばしてもらえたら、後日印鑑登録証をもってきてもらえれば解決します）

このように質問をしていけば、相手が抱える問題を解決できる可能性が高くなります。また、相手は「自分の側に立ってくれている」という気持ちをもてますね。

最終的にその日に印鑑証明書の発行がなされなかったとしても、「あの担当者はできる限りのことはやってくれた」というよい印象をもつのです。

「なぜ（WHY）」を
中心とした
簡単な質問で
情報を得よう

手ごわい相手の対処法④

代替案からの仮定質問

まずは代替案を出す

しかし、一度断ってもなかなか引き下がらない「やっかいな人」の中には、とくに問題を抱えているわけでなく、ただ自分の要望や欲を押し通したいだけの人もいます。

前出の既婚女性が、クライアントの男性社員から食事に誘われた例を考えてみます。

もちろん、仕事絡みで男性と女性が二人で食事をするケースはいくらでもあるでしょう。しかしその男性はどこか危険な感じがしていて、あまりにきっぱり断るのは今後の仕事に影響が出そうで困っている、としましょう。

このような場合は、まず代替案を出してみます。

「二人でお食事することはできません。他の方もいらっしゃるようでしたら、ぜひご一緒させていただきたいです」

たとえばこのような代替案が出せるでしょう。

ところが「いやー、ちょっと込み入った相談もしたいので、ぜひ二人で」などと、相手は尚も食い下がってくる場合もあります。

仮定質問でこちらの状況を想像させる

このようなときに使えるのが仮定質問です。

この場合なら、

「もし私と二人だけで食事をしていることを奥様が知ったら、奥様はどう思われるでしょうか？」

などと聞いてみるのです。

中には「いや、なんとも思わないよ。うちのはそういうこと気にしないし、僕も気にしないよ」などと言ってくる場合もあるかもしれません。

そのようなときは、たとえば次のように「仮定」で返します。

「そうなんですね。○○さんは気にしないんですね。私の夫は違って、とても悲しむと思うんです。ですのでお気持ちは嬉しいのですけれど、二人っきりでお会いすることはやはりできません」

仮定質問は、仕事の場面でも使えます。

たとえば無理な仕事を上司が振ってきたときには、次のような仮定質問ができるでしょう。

「お願いされた仕事を先にやるとなると、今の仕事が後回しになってしまいます。今の仕事は先方から『できるだけ早急に』と言われている案件なので今日中に終わらせたいと思っていたのですが、それができなくなります。どう思いますか？　先方への提出が遅れると、先方はどう思うでしょうか？」

このように仮定質問をすると、相手は考えざるを得なくなります。

つまり、質問することによって一緒に考えてもらえるようになる、自分が抱えている問題を共有してもらえることになるのです。

これは相手に「未来」のことを考えてもらう「未来質問」ともいえます。

強引に仕事を頼んでくる相手、断ってもなかなか引き下がらない相手というのは「今の問題」に終始している場合が多い。「今」のことしか見えていないのです。

そこで相手が未来に目を向けるような、次のような質問を投げかけるのです。

「もし私が今この仕事を受けたら、部署の他の人たちにしわ寄せが行くと思いますが、どう思いますか？」

「この仕事を受けると、上司から頼まれている案件が後回しになってしまいますが、よいでしょうか?」

仮定質問は使い方に注意が必要

仮定質問は「相手に考えてもらえる」という意味で便利なのですが、仮定質問は「最終兵器」と考えたほうがよいでしょう。

なぜなら、質問するタイミングによっては、かえって相手を憤慨させてしまう可能性があるからです。

たとえば、役所で住民票の発行を求める住民のパターンで考えてみましょう。

職員「本日、運転免許証などの身分証明証をお持ちですか?」
住民「運転免許証は持ってないよ」
職員「では健康保険証はお持ちですか?」

住民「（財布の中を探しながら）ないなー。これではダメ？　スポーツクラブの会員証」
職員「そちらでは発行できないんです」
住民「どうしてだよ。これはちゃんとしたところの会員証だよ」
職員「あのですね、もしそのような会員証で住民票を発行しますと、その住民票が犯罪に使われてしまう可能性もありますよね？」
住民「何！　俺が犯罪をするとでも言うのか！　謝れ！」

たとえばこのような流れになってしまう場合があるのです。
あらゆる方向から質問し、それでも解決の糸口が見えない場合、または相手がなかなか引き下がらない場合、最後の手段として仮定質問を使うのはよいでしょう。最初から使うと、このように相手が憤慨する可能性もあるので注意が必要です。

「もし～だとしたら」を使って相手にこちらの状況を考えさせる

手ごわい相手の対処法⑤

会話のキャッチボールを増やす

身近な人ほど断るのが難しい場合もある

「断れない人」の相談を受けていると、仕事や恋愛の場面だけでなく家族との関係で悩んでいる人もいます。**一生付き合っていかないといけないので、家族は近い関係だからこそ、時には手ごわい相手でもあります。**

特に相談が多いのは「嫁姑問題」です。

ここでは姑さんからの贈りものを断るケースを紹介します。

ケース5-1　義理の母からの贈りものを断るケース

あなたは夫の母、つまり義理の母から送られてくる郷土の食料の多さに困っています。義理の母の親切な気持ちはわかるのですが、毎回大量にお野菜や果物等が届き、結局は食べきれずに捨ててしまい、正直うんざりしています。近所付き合いも少ないためあげるあてもなく、食べ物なので捨てるのも忍びない気持ちになっています。
あなたは義理の母をなるべく傷つけずに断りたい。

義理の母　「どう？　お野菜届いたかしら」

あなた　「はい。いつもありがとうございます。お気持ちほんとうに嬉しいです。お野菜もやっぱりこちらのものよりおいしいですし」

義理の母　「そうでしょ！　ここのお野菜はちょっと違うのよ。テレビとかでも取り上げられてるしね。それに、そっちで買うとものすごく高いでしょ？」

あなた　「ええ、ほんとうにおいしくいただいてます。ありがとうございます。ただ、お母さんのお気持ちはありがたいんですが、少し困ってるんです」

義理の母　「えっ？　何が」

あなた　「お野菜を送っていただくのは嬉しいんですが、ちょっと食べきれないんです」

義理の母　「お漬物とかにすればいいじゃない。あと、果物はジュースにするとか」

あなた　「そうですね。でも、私も働いておりますし、時間があまりないんです」

義理の母　「お漬物なんか簡単じゃない。時間なんてかからないでしょ？」

さてあなたならどうやって断りますか？
ここでは仮定質問を使って断る例を紹介します。

あなた　「お母さん。ちょっと私の話を聞いていただけますでしょうか？」

義理の母　「えっ？　いいわよ。何？」

あなた　「お母さんは今、お父さんとお二人でお暮らしですよね」

義理の母　「そうよ」

あなた　「私の実家の名産であるリンゴをお送りしたいんですけど、よろしいでしょうか？」

義理の母　「あら、本当！　嬉しいわ！」

あなた　「では、段ボール一箱、お送りしますね」

義理の母　「えっ？　そんなに食べられないわよ」

あなた　「食べられなかったらどうされます？」

義理の母　「だれかに分けてあげようかしら？」

あなた　「分ける相手がいない場合は？　もしくは、その方がリンゴを嫌いだったらどうされます？」

義理の母　「……困るわねえ」

あなた　「お母さん。私、お母さんのお気持ちには本当に感謝しております。ですから、お送りいただいたものを粗末にしたくありません。わかっていただけますでしょうか？」

義理の母「ええ、わかるわ」

あなた「ですので、これからもおいしいお野菜などを送ってくださるときは、事前に必要な量を聞いてくださるとありがたいです。感謝をしておいしくいただきますので。よろしいでしょうか？」

このように質問を多用することで相手はこちらの状況を想像するようになり、客観的に考え、こちらの「断る」というお願いを受け入れやすくなります。

キャッチボールの回数が多い方が説得力が増す

「こんなふうに店の人に言われたら、どんな気持ちがしますか？」

「こんなとき、あなたならどう返しますか？」

たとえばこのように、私は研修中に、受講生の方たちに向かってどんどん質問していきます。

説明の合間に、「どう思いますか？」「あなただったらできますか？」などという質問をどんどん入れていくのです。

なぜなら、その方が説得力が増すからです。


先程の、印鑑証明書の例を思い出してみてください。

職員の立場になれば、印鑑登録証がなければ印鑑証明書を交付できないことを説明するために、ひたすら語り続けることもできるでしょう。

でもたとえば、「印鑑証明書交付の申請には印鑑登録証が必要です。今日はお持ちでないようなので申請はできません。ただし、もしマイナンバーカードをお持ちであればコンビニエンスストアでも交付申請ができます……」などと一方的に言われたらどうでしょうか。

ほとんど頭に入ってきにくく感じませんか。

よって、どんどん質問をしていくのです。

職員「今日はたしか、印鑑登録証はお持ちでないんですよね？」

住民「うん、持ってきてないよ」

職員「印鑑登録証がないと窓口では交付申請ができないんです」

住民「そう、じゃあ、今日は印鑑証明書をもらえないわけ？」

職員「マイナンバーカードはお持ちではないですか」

住民「マイナンバーカード？　あれは作り方がむずかしそうだし、わからないから作ってないよ」

たとえばこのように質問していくと、聞かれた方は一つひとつ順を追って考えていくことができます。質問に答えることで自然と、「印鑑登録証を持ってこないと印鑑証明書は発行されないこと」「マイナンバーカードがあれば印鑑証明書は発行されること」などがわかります。

ひとつずつ確認していくので、一つひとつの言葉に説得力が出ます。

また**答える方は疑問点や不明点が出る度に相手に質問することができ、その場で疑問を解消してから次へ進めるので話全体の納得感が増す**のです。

相手とのやり取りがプラスになる

私が研修中に、受講生たちにたくさんの質問をするのは、自分のためでもあります。

たとえば「これまでどのようなクレームを経験しましたか?」「こんなクレームの場合、あなたならどのように言いますか?」といった質問をすると、ときどき「なるほどー」と思うような答えが返ってきます。

これまで聞いたことのないクレームのケースや、私が考えてもみなかった返答の仕方を教えてもらえることがあります。研修をしながら、私自身がとても勉強になるのです。

同じことが断る場面でもありえます。

たとえば上司に仕事を振られ、それがどうもうまくできそうにないというとき、一方的にできそうにない理由を説明するのではなく、「できそうにないのですが、どうしたらよいでしょうか?」などと聞いてみるのです。

上司は「そうか、じゃあ、こうしたらどうだ? こうすれば君はもっとよくなると思うよ」「この部分はこうしたら?」などとアドバイスをくれるかもしれません。「たしかにそうですね」「なるほど!」と思えるような答えがもらえれば、それは自分の成長につながるのです。

先程の印鑑証明書に関するやり取りも同様です。

質問を入れてやり取りすると、その過程でたくさんの情報収集ができます。先程の例でいえば、「窓口での印鑑証明書の申請には印鑑登録証が必要なことが周知されていないこと」「マイナンバーカードを作るのはむずかしいと思われていること」「マイナンバーカードの作り方が周知されていないこと」などの情報を収集できますね。これらの情報は今後の業務に役立つものになるはずです。「やってください」「できません」だけに終始していたら決して得られないプラス要素があるのです。

会話のキャッチボールを増やすことで、説得力が増す

手ごわい相手の対処法⑥

お願い事はお願い事で返す

バカになりきって「勉強させてください！」も効果的

強引なお願いを断ろうとしたものの、「感謝→結論→感謝」の3Kで対応してもダメ、相手の問題を共有しようとしてもダメ、質問を繰り返しても効きめのない相手、というのがときどきいます。

力で他人をコントロールしようとする人、パワハラ上司のような人です。そんな人には「くそっ！」と思うときもあるかもしれませんが、わざと下手に出るという方法もあります。

「その仕事を引き受けると、他の仕事ができなくなります。どうしたらよいか教えてください。勉強させてください」などと言ってみるのです。

具体的なことを教えてもらえたら、それはそれで感謝ができます。

「ありがとうございました。勉強になりました」と言えますね。

腹の立つ相手というのはどんな世界でもいます。でもその相手とわざわざ喧嘩することはないのです。

相手と自分をイーブンにもち込む

しかしそれでも尚、引き下がらないという人もいるでしょう。

この場合は、こちらからもお願い事を出します。

たとえば、あなたが「文章をまとめるのが苦手だから、この前の出張のレポートを書いておいて」と先輩社員に頼まれたとしましょう。

ところがあなたにはすでに抱えている仕事が複数あり、とてもレポートを書く時間はないとします。

このようなときは交換条件を提案します。

たとえば次のように言えるでしょう。

先輩社員　「この間の出張のレポート、まとめておいてくれない？」
あなた　「その仕事を引き受けると、◯◯調査の集計ができなくなってしまいます。出張レポートをまとめる代わりに、集計の方をお願いしてもよいですか」

相手が要望してきた仕事量と同じくらいのものを、交換条件として提示するのがコツです。

この交換条件の提示は、「自分は一方的に押し付けられない人間だぞ」というアピールにもなります。

断るのが苦手な人というのは、これまで何かと断れずにきているので、「お願いしても断らない人」というレッテルを周囲から貼られている場合が少なくありません。でも、そんなレッテルは剥がれたほうがいいですよね。

お願いされたときに交換条件を出すことで、「この人は、すんなり引き受けてくれる人ではなかったのだな」というイメージを相手にもってもらえる

ようになります。

実際、この交換条件を何回か出していると、だんだん無理なお願いをされないようになります。

それでもダメなら周囲を巻き込む

また、なかなか引き下がってくれない相手に対しては、他人を巻き込むという方法が有効な場合もあります。

たとえば部長が無理な仕事を振ってきたとしましょう。しかし、その仕事を引き受けると別のクライアントへの納品が遅れる、という状況だとします。

この状況を説明しても、「それでもいいからやれ!」などと強引に部長が言ってくる場合、クライアントを巻き込んでしまうのです。

「では、これから先方に納品が遅れてしまうことを連絡しますが、そのことは部長も承知済みという旨を、先方の担当者に伝えてもいいですか」

などと言ってみるのです。

あるいは、取引先の担当者が、無理難題を突きつけてくる場合もありますね。その場合、「上司に相談してみます」「社長に相談してみます」などと言うと、すんなり引き下がることもあります。

プライベートでしつこく誘ってくる相手に対しても、この手は使えます。

「何度も誘いを受けているということを、上司（または夫など）に相談してもいいですか」

などと言ってみるのです。

強引な頼み事、誘いをしてくる相手というのは、それによって相手がどんな大変な状況になるのか、また周囲がどんな迷惑を被るのかなどについての想像力に欠けるのです。したがって、強引な頼み事を引き受けることによって誰に迷惑をかけるのかイメージさせるような質問を投げかけるのです。

この質問によって相手は自分を客観的に見つめ冷静になるのです。

「頭の中が真っ白になっています」と正直に言っていい

ここまで、こちらが断ってもすんなり引き下がってくれない人、要は「やっかいな人」への対処法を説明してきました。

しかし、中にはいきなり威圧的な態度に出てくる人もいます。こちらがどんなに「戦わずに問題を共有しよう」という気持ちをもっていても、のっけから大声を出したり、怒鳴ったりしてくる人もいるものです。

そんな人には恐怖を感じる場合もあるでしょう。頭が真っ白になってしまう場合もあると思います。

そんなときは正直に言ってしまってかまいません。

「今、私はすごく怖くて頭の中が真っ白になってしまっています」と。

そして、少し時間をもらいます。

「ちょっと混乱しておりますので、少しだけ時間をください」とお願いします。

すると、それだけでハッと気づく人もいるのです。とくに電話では、相手は顔が見えないので横暴な態度になりがちです。相手にそれほど恐怖を与えているという自覚がない人もいます。

「今、すごく怖いです」と言うと、「え、ごめん、ごめん」と態度を改めてくれる人もいます。

断るときにもっとも大事なのは、自分の気持ちに正直であること、素直になることですが、それはこのような相手が威圧的な態度をとってくる場面でも同じなのです。自分の気持ちをごまかしたり、下手に取り繕おうとしないで、正直になる勇気が必要なのです。

「勉強させてください！」
「頭の中が真っ白に
なっています」
心の内を正直に話す
ことで状況は変わる

手ごわい相手の対処法⑦

横並びのタイミングで相談する

自分の問題を共有してもらう

本章の最初で、断ってもなかなか引き下がらない相手とは「抱えている問題を共有することで同じ方向を向く」とお伝えしました。

それは**自分が、依頼や誘いを断らざるを得ない問題を抱えている場面でも同じです。**

たとえば上司に振られた仕事ができないのは、あなたがすでにキャパオーバーな状態にあるという問題があるとしましょう。この場合は、「今、こういう状況なのでお引き受けできません。**どうしたらよいか、一緒に考えてもらえませんか」とお願いする**のです。

立ち位置で意識は変わる

相手の問題を共有するときには「一緒に考えましょう」というスタンスを、自分の問題を共有してもらうときには「一緒に考えてください」というスタンスを取ります。

このお願いをするとき、可能であれば「立ち位置」を工夫してみて下さい。**断る相手に話しかけるときに、相手の横に並ぶようなポジションをとるのです。**

たとえば、上司がデスクにいるときなら、上司と正面から向き合うのではなく、上司が座っている椅子の横に立つようにするのです。

あるいは、道や会社の廊下を並んで歩いているとき、電車やタクシー、エレベーターに一緒に乗っているときなどだと、自然と相手の横の位置になりますね。

「横並び」というのは、視線が同じ方向を向いていて、同じものを見ているので、互いの共感を得やすいという特徴があるのです。

同じ方向を向くことで、「抱えている問題」を共に考えてもらいやすくなります。


ついでにパーソナルスペースについても知っておくと便利です。

人にはそれぞれ、他人に入られると不快な距離があり、それを〝パーソナルスペース〟と呼びます。男女差、個人差がありますが、一般的には自分の体から45センチの範囲に入っても不快に感じないのは、恋人や夫婦、家族、親しい友人などで、それ以外の人が入ってくると違和感・不快を感じるといいます。

このパーソナルスペースは一般的に男性の方が広く、女性の方が狭いといわれているのですが、その形にも男女差があります。男性は自分の前方と後方が広く、自分の左右は狭い楕円形、女性は前方、後方、左右ともほぼ同じ距離で円形なのだそうです。

ですから、**男性は横からスッと他人に近づかれると、よい意味でも悪い意味でも「構える」**。異性に近づかれるとドキドキして「この距離に入ってきてくれるということは好意をもってくれているのでは？」などと誤解してしまう場合もあります。

断る相手が男性であり、あなたが女性であれば、この男性のパーソナルスペースを上手に活用するというのもひとつの方法です。相手の横にスッと近づいて「申し訳ありませんがそれはできません」などと言えば、相手は思わず「わかった」と答えてしまうかもしれません。

逆に断る相手が女性であり、**あなたが男性である場合はパーソナルスペースにより気を使ってください。女性は親しくない異性が、パーソナルスペースに入り込むことを男性以上に不快に思います。**むやみに女性に近づいて話すのは、それだけで印象を悪くしてしまいます。

タクシーや
エレベーターなど
横並びになった
タイミングで
「相談する」

第4章

断るか、断らないかはどうやって決めるのか？

私自身、「断れない人」でしたが、今となっては「断るか、断らないか」で迷うことはほとんどなくなりました。それは自分なりの〝基準〟を持っているからです。

とはいえ、最初から迷わなかったわけではありません。「断るかどうか」さんざん悩んだ末にたどりついた、「迷ったときに考えるべきこと」を本章では解説していきます。

野球にたとえるなら、本章は「ボールの見極め方を学ぶ章」です。「断るのが大切」とはいえ、すべて断るわけにはいきません。本章で〝選球眼〟を身につけて、2章と3章で身につけたスキルを実践し、豊かな人生を手に入れてほしいと思います。

迷ったときのポイント①

あなたの、人生の優先順位は？

断るか、断らないかで悩んだら？

2章と3章で「なぜか印象がよくなる断り方」の具体的な方法を紹介してきました。今日からでもすぐに実践してほしいと思います。

しかし、あなたは必ず「断るか、断らないか」で迷うはずです。たとえ1回断ることができたとしても、また迷ってしまうでしょう。私自身が、断れなかった人間で、自分の人生を歩むために断ろうと決心したものの、「断るか、断らないか」で悩みました。「断るか、断らないか」の判断をすぐするべきときに、「断ったらこんなデメリットがあるかもしれない、断らなかったらこんなメリットがあるかもしれない、どうしよう？」などと悩み続け、結局断れないということが何度もあったのです。

どんなに相手によい印象を与える断り方を身につけても、「断る」という決断ができなければ意味がありません。

そこで本章では、「断るか、断らないか」を迷ったとき、どう判断をすればよいのか、また、つい「断らない」という選択をしがちな方のために、どうしたら「断る」という選択をしやすくなるかを考えていきたいと思います。

まず、「断るか断らないか」で悩んだときは何を考えればよいのか。

まず考えるべきなのは、自分の人生での優先順位です。

私たちにはだれしも1日24時間しかありませんね。その中でできることは限られています。何かを選んだら、何かを諦めなければなりません。

何かを断るというのは、その他の何かを選ぶということ。何を選ぶかは、自分が何を優先するかで決まります。

仕事と家庭なら、今はどちらをより大事にするのか。仕事なら、何の仕事を今は優先するのか。それによって決まるのです。

優先順位は人によって違います。私があなたの優先順位を決めることはできません。同じ人でも、その人が今どのライフステージに立っているかによってもっても変わってきます。

断ることで、人生の優先順位が明確になる

となると、「今自分は何を優先するべきか」を考えなければいけないのですが、いきなり**「あなたの人生の優先順位は何ですか？」と問われても即答できる人はあまりいません。私がセミナーや研修などで「断り方」を教える中で感じたのは、実際に「断る」を繰り返すことで「何を優先したいか」が見えてくることです。**

断らずに何でも引き受けてしまうのは、結局、後先のことを何も考えていないのです。とりあえず「はい」と答えてしまえば、あとはやらざるを得ないので、自分の優先順位を考える余裕はなくなります。断らないことは考えることを先送りできるので、ある意味楽なのです。

そこで、まずは「今の自分にとって何がもっとも大事か、何を優先するべきか」を考えます。「断るか断らないか」を決めるとき、毎回ていねいに考えていれば、自分の中の優先順位が見えてくるでしょう。もちろん最初は決断するのに苦労もするでしょうし、断った後に「やっぱり断らなければよかった！」と思うなどの失敗もあるでしょう。**ほんとうにその選択が正しかったのかどうかは、実際にやってみないとわからない部分が大きいです。だからこそ、実際に断ることで見えてくるものがある**のです。

実際に「断る」という体験を積むと、だんだん自分の優先順位が明確になってきます。そして「断るか、断らないか」を決めやすくなるのです。

次項以降では、「断るか、断らないか」迷ったとき、断る決断がなかなかできないとき、どのように考えればいいかを具体的に解説していきます。

「断る」ことで人生の優先順位がハッキリしてくる

迷ったときのポイント②

「心地よいかどうか」で決めていい

自分なりの判断基準を持つと楽になる

「こういうケースでは断る」というように、自分の中に「断るか、断らないかの判断基準」がひとつでもあると、断りやすくなります。

私が研修などで伝えているのは「自分が心地よいかどうか」をいちばんの基準にしていい、ということです。

たとえば「この仕事をしてほしい」と頼まれたとき、その仕事にどれくらいの心地よさを感じるか。家族に何かを頼まれたときに、それをやることにどれくらいの心地よさを感じるか。そこを基準に断るか断らないかを決めます。

どのような状態が〝心地よいのか〟は人によって違います。たとえば仕事なら、とにかく稼ぎのよい仕事が心地いいという人もいれば、一緒に仕事をする人を何より重視するという人もいるでしょう。環境や時間を何よりも大切にする人もいるかもしれません。その選択をした自分が心地よいと感じるか、それは自分しかわからないのです。

でも今の時代、膨大な情報がその選択を惑わします。**あらゆる情報が知らないうちに飛び込んできて、あらゆる価値観を押し付けてくるので、自分がほんとうは何を心地よいと感じるのかがわかりにくくなっているのです。**

現代の日本人が1日に脳にインプットしている情報の量は、江戸時代の人の1年分の情報量に匹敵するそうです。

これだけの情報が毎日降り注いでくれば、自分の価値観も揺らぎます。自分の価値観をハッキリさせるためには、ある程度の情報のシャットアウトも必要でしょう。ちなみに私は10年以上、テレビなしの生活を続けています。テレビがついていると否応無しに、しかも意外と偏った情報が入ってきます。テレビを消してみるだけでも、かなりの量の情報をカットできるはずです。

また、「心地よいかどうか」という判断基準をクリアした仕事が同時期に入る場合もあります。両方とも心地よい場合です。そのときは、「先着順」と決めています。先にオファーを出してくれた仕事を優先し、後から来たオファーをお断りします。

後から来た仕事の方が条件がよい場合もあるし、よりおもしろくできそうだったなと思うこともあります。でもそれはご縁の問題と割り切って、素早く決断しています。

「好き・嫌い」がいちばんの基準

「心地よいかどうか」で判断するのが難しければ、「好きか、嫌いか」で決めて下さい。私自身、ほとんどの案件を「好きか、嫌いか」で判断しています。

たとえば仕事なら、担当者が好きか嫌いかで受けるかどうかを決めてしまいます。どんなに金額のよい仕事でも、担当者を好きになれなければ、その仕事は断ってしまいます。

以前、ある企業の幹部を料理店で接待したことがありました。別のクライアントの方に紹介された企業の幹部で、その企業での研修を請け負うことができれば相当の金額を見込める大手企業でした。

しかし、その幹部の店での態度がほんとうにひどかったのです。とくに店員への横柄ぶりがひどく、言葉遣いや仕草は目に余るものがありました。

宴も終盤となり、その幹部から来年からぜひ研修をお願いしたいと言われました。しかし私は「申し訳ありませんがお断りさせていただきます。先程からご一緒させていただいて、このお店での立ち居振る舞いを見るだけでも私はとても気分が悪くなりました。これではよい仕事ができそうにもないので、研修はお受けできません」と言って断ったのです。

一瞬、その場がざわつきました。同席していた私の会社のスタッフも驚いた顔をしていました。でも私の気持ちは変わりませんでした。

「好きか、嫌いか」で判断していい

迷ったときのポイント③

断らなくても
どうせ嫌われる

そもそも人の評価はあてにならない

「断っても断らなくても、嫌われるときには嫌われるのだ」とある意味開き直ると、断ることの決断がしやすくなります。

嫌われたくないから断れない、という人は多くいます。かつては私もそうでした。人から嫌われたり、人からの評価が下がるのを恐れて「ノー」を言えなかったのです。

でもじつは、**断っても断らなくても、嫌われるときには嫌われるものです。それは嫌われるほうに問題があるわけではなく、そもそも人の評価というのはコロコロ変わるものなのです。**

私は子どもの頃、「じっとしていなさい」と言われても、できませんでした。幼稚園では他の子どもたちのように、きちんと座って先生の話に耳を傾けられませんでした。じっとしているのが苦痛でたまらなかったのです。

部屋から出て勝手に外に飛び出すなどしてしまうので、母親が呼び出されたこともありました。昔はひどくて、母親が迎えにきたとき、私は松の木にロープでくくりつけられていたそうです。

一方で、何か好きなことを見つけると一心不乱になってやる。先生が「そろそろやめましょう」と言ってもその声は私の耳には届かず、まるで無視しているかのようだったそうです。

おもしろいと思うのは、**当時は「ダメなところだ」と言われていたことが、今では「それが津田さんのいいところ」と言われる点です。**何でもすぐやってしまう行動力や、何かを始めると夢中になるところは「さすが津田さん!」などと言われる。私は何も変わっていないのに、周りの評価は変わるのです。

だから私は「人の評価なんてそんなもの」と思っています。**出会う人によってはそれが才能と言われ、別の人には、それは欠点だと言われる。つまり、人の評価はあてにならない。だから人の評価なんていちいち気にする必要はないんです。**

そう思うと、嫌われることを心配して、自分の気持ちをおさえ込んだり、ガマンして「ノー」を言わないのはばかばかしくなりませんか。

他人の欠点を見つけるのは、人の生存本能

また、**人とは本能的に、他人の弱点を探すようになっている**そうです。生存競争に勝つためには、自分は他人より優れていないといけません。それを自覚するために、自然と他人の欠点や弱点を探すのだそうです。

つまり、他人から嫌われるのを恐れて「断らない」という選択をしても、それ以外のところで嫌われる機会はいくらでもある、といえます。

この点から考えても、「嫌われるのを恐れて断れない」というのはもったいないと思いませんか。ほんとうは断りたいのに断れないというのは、自分

の気持ちをおさえるということ。自分に正直になれていないということ。自分の人生なのに、それではあまりにもったいないと私は思います。

断るか断らないかの決断で迷い、「断って嫌われたくない」という気持ちがよぎったときには、ぜひこのことを思い出してみてください。

人の評価なんてあてにならない

迷ったときのポイント④

それでも迷ったときは時間をもらう

決断に迷ったとき、頭はパニック状態

ここまで、断るか断らないかの判断をどのようにすべきかを考えてきました。

だれかの誘いや頼みを受けるか、それとも断るかで悩んだときにはぜひ参考にしてほしいと思いますが、それでもやはり、いざその場になると返事に迷いつつ、つい「はい」と言ってしまうこともあるでしょう。

私自身の経験からいうと、こんなとき、頭の中は軽いパニック状態になっています。

だれかに「～をしてほしい」「～をやって」などと言われると、「これを引き受けたら評価されるかもしれない」「でも他のこととうまく調整できるかわからない」「断ったらこの人の機嫌が悪くなるかもしれない」など、とにかくさまざまなことが一度に頭を駆け巡ってしまう。そして冷静な判断がで

きなくなるのです。

返事に迷ったら、一旦保留に

そこで、「断る」か「断らない」で迷ったときには、返事を一旦保留にします。「申し訳ありませんが、お返事に少しお時間をください」とお願いするのです。

どれくらいの時間がもらえるのかは状況によって変わってきますので、そこは判断が必要ですが、たとえ10分でも「猶予」があれば冷静になれます。

時間をもらうときには、「○時までにお返事します」「明日一杯お時間をください」など、返事をするまでの具体的な時間を伝えるようにします。

電話の場合なら「すみません、掛け直させてください」と言って一旦電話を切るのもよいでしょう。

また、このようなときは、自分の気持ちを正直に相手に伝えるとなおいいです。「すみません、今スケジュールがかなり立て込んでいるので少し考えさせてください」「案件が多く錯綜《さくそう》してしまっているので、少し時間をくださいい」などと。

取り繕わず、自分の気持ちに素直になることが大事です。

3秒間沈黙してみる

面と向かってだれかと話しているとき、相手の問いかけやフリに対して即答しないといけない――。

断るのが苦手な人は、このように考える傾向がとくにあるように思います。

ほんの数秒の沈黙や間にも、何となく抵抗を感じてしまうのです。

ゆえに、だれかと会話しているときには、できるだけ早く答えようとする。

反射的な反応をしてしまうので、何かを頼まれたときにも、ほぼ自動的に「はい」と答えてしまいます。

このような人は、日頃から「3秒の沈黙」を習慣づけるとよいでしょう。**相手の言葉に反射的に応えるのではなく、ひと呼吸置いてから反応する。自分の気持ちや考えを確認してから伝えるようにする**のです。

私は「沈黙」は、誠実さの表れだと思っています。

その場限りの適当なことを言いたくない、きちんと考えて誠実に対応したい。そういう気持ちから生まれる沈黙の時間なのですから。

即答で、安易に「できます」と言ったり、「できるかもしれません」などと中途半端なことを言うより、沈黙や間があっても確実なことを言うほうが相手に対して誠実ですよね。

それでもすぐには自分の考えがまとまらない場合は、ここでも素直に「少しお時間をください」とお願いすればいいのです。

3秒間沈黙し、時間をもらう。沈黙は悪いことじゃない

迷ったときのポイント⑤

「断れる人」を演じる

「断れる人」の役になれば断れる

断れる人になるために「断れる人」を演じる、という方法もあります。

断ると相手に悪いのではないか、断ったら相手ががっかりするのではないか、断ったら自分の評価が下がるのではないか……。

このように、断ることのデメリットばかりを考えてしまう人は、それを〝自分がやる〟と思うとますます断れなくなります。相手をがっかりさせるのは嫌だ、相手からの評価が下がるのは嫌だ、などと思ってしまうわけですね。

そこで「断れる人」を演じるのです。**ハッキリと断るのは自分ではなく、役であり、たとえ断ることで相手を傷つけることになってしまうとしても、それは「役」のやっていることと割り切れば断りやすくなります。**

現在、私は研修講師の仕事で、ときに数百人の前で話すこともあります。

しかし、もともとは人前で話すのが大の苦手でした。

初めて大勢の人の前で話したのは、ブックオフで働いていたときのこと。自社の管理職、また銀行の関係者などが集まる経営計画発表会というものがあり、そこでの司会を任されたのです。

しかし初回は緊張で頭が真っ白になりました。段取りもうまくいかず、司会の私があまりにパニックになっているせいで会場はシーンと静まり返ってしまいました。その状況を何とかしようと下手なギャグを言って一層会場の雰囲気が悪くなったのです。

遠くでは、当時の社長が「お前は何を言っているんだ!」という顔で睨んでいました。ひと言でいえば大失敗だったわけです。

会が終わった後、自己嫌悪で落ち込んでいると、当時の副社長が声を掛けてくれました。

「津田君、君はうちで働く前は役者をやっていたんだろう? だったら次からは役を演じているつもりでやってみるといいよ」

そう言われて、そうか、役を演じることなら自分にもできると思いました。

そして2回目のときには、「できる司会者」を演じるつもりで挑んだのです。

するとうまくいきました。副社長は「君、天才だよ。喋りの天才だよ」と言って褒めてくださったのです。

私はこれで自信がつきました。以降、会社での重要な会議はすべて私が司会を務めることになったのです。

役作りを自分で行うのは楽しいから

「断れる人」という役を演じるとき、それがどのような役なのかが明確になっているとより演じやすくなります。

私は研修講師の育成をしていますが、その際、受講生にまずやってもらうのが「自分が考える最高の講師のイメージ作り」です。

「あなたが考える最高の講師とは、どのような人ですか？」と問いかけ、その答えを書き出してもらうのです。

大勢の人の前で話している最高の講師はどのような服装をしているのか、どのような表情でどのような話し方をしているのか、声のトーンや大きさはどうか、などを考えてもらいます。

自分で考えてもらうのは、「最高の講師のイメージ」は人それぞれ違いますし、何より自分で考えたほうが楽しいから。与えられた役より自分で自由に設定した役のほうが楽しく演じることもできます。


同じように「断れる人」を演じる際も、まずは自分の中のベストな断れる人をイメージして書き出してみるといいでしょう。そしてその役に名前をつけます。「本音ちゃん」や「本音さん」「素直くん」など何でもいいのでネーミングします。

また、その役に入るための〝トリガー〟を用意しておくといいでしょう。

映画の撮影では、監督の「スタート」などの掛け声のもと、カチンコのカチン！　という音で撮影がスタートします。

役者たちはこのカチンという音を境に完全に役の世界に入り切るのですが、「断れる人」を演じるときも、自分なりのカチンコの音のようなものがあると役に入りやすくなります。


このとき役立つのが、役者名です。

いざ断らないといけない、断りたいと思ったとき、心の中で「本音ちゃんモード発動」「本音さんスタート」などとつぶやく。するとスイッチが切り替わって、「断れる人」になりやすくなります。

最初は「演じている」という感覚が、あなたを後押ししてくれるでしょう。

でも何度も演じていると、だんだんそれが普通になってきて、演じているという感覚なしにできるようになります。わざわざ「断れる人」を演じなくても、いつの間にか断れる人になっているのです。

心の中で「本音ちゃんモード発動」とつぶやく

おわりに

数年前、私は会社の創業メンバーであり、パートナーであった男性社員を亡くしました。彼とは亡くなる前日まで普通に電話で会話をしていました。

彼の最後の言葉はこうでした。

「津田君が出張から帰ってきたらラーメンを食べに行こう」

その言葉を言った翌日、彼は自宅のベッドの側に倒れたまま亡くなっていました。急死でした。スマートフォンで仕事のメールを打っている途中で倒れていたそうです。私は、彼とラーメンを食べる機会を永久に失いました。

彼はガマン強く、仕事のできる人でした。何でも引き受け、断らない人でした。

今、私は思います。

彼は抱え込みすぎていたのではないだろうか？

断らなかったのではなく、断れなかったのではないか。


私は、後悔しました。

クレーム研修で「ちゃんと断ることが大事だ」とあれだけ言っていたのに、身近な人には伝えられていなかった。何でもっと、彼に断ることの大切さを教えてあげなかったのだろう……。

この後悔が本書を執筆する原動力になりました。

「ガマン強い」ことは日本では美徳とされています。もちろん、素晴らしいことです。

でも自分の気持ちに素直になって、「できません」と伝えることも、「ガマン強い」ことと同じか、長期的に見ればそれ以上に大事なことだと、私は思います。

「嫌だ」「できません」と伝えることは、仕事だけではなく、人生を幸せに生きていくためにもとても大事なことだと思います。

この本を手に取って読んでくださった皆様が、本書をきっかけに自分の気持ちを素直に伝えられるようになってくださったら、心から嬉しく思います。

2020年1月

津田卓也

Profile

津田卓也

株式会社キューブルーツ代表取締役。

日本トップクラスのクレーム研修講師。

企業研修の講師派遣と人材育成の会社の代表を務めながら、自ら研修講師として年間 200 登壇を続ける。中でもクレーム対応研修は、リピート指名率、驚異の 100％で、世代・職位・男女・公的機関・民間企業を問わず、多数の受講者の方々から支持されている。2019 年時点で、津田の研修・セミナーの受講生は全国で約 11 万人にのぼり、研修講師として国内最短での 10 万人達成になる。フジテレビ『バイキング』など、クレーム対応の専門家としてメディアの出演も多数ある。

ブックデザイン　藤塚尚子（e to kumi）
編集協力　山田由佳
校閲　鴎来堂
DTP　天龍社
編集　淡路勇介（サンマーク出版）

なぜか印象がよくなる すごい断り方

2020年1月20日　初版印刷
2020年1月30日　初版発行

著　者　津田卓也
発行人　植木宣隆
発行所　株式会社　サンマーク出版
東京都新宿区高田馬場2-16-11
（電）03-5272-3166
印　刷　株式会社暁印刷
製　本　株式会社村上製本所

ISBN978-4-7631-3818-7　C0030
ホームページ　https://www.sunmark.co.jp